SHU SHUO BALIZHUANG

述说八里庄

中共北京市海淀区八里庄街道工委
北京市海淀区八里庄街道办事处 编写

中国社会出版社
国家一级出版社·全国百佳图书出版单位

图书在版编目(CIP)数据

述说八里庄/中共北京市海淀区八里庄街道工委,北京市海淀区八里庄街道办事处编写. —北京:中国社会出版社,2021.6
ISBN 978 - 7 - 5087 - 6554 - 9

Ⅰ.①述… Ⅱ.①中… ②北… Ⅲ.①文物工作—介绍—海淀区 Ⅳ.①G269.271.3

中国版本图书馆 CIP 数据核字(2021)第 096215 号

书　　名: 述说八里庄
编　　写: 中共北京市海淀区八里庄街道工委
北京市海淀区八里庄街道办事处

出 版 人: 浦善新
终 审 人: 尤永弘
责任编辑: 李冬雁

出版发行: 中国社会出版社　　**邮政编码:** 100032
通联方式: 北京市西城区二龙路甲 33 号新龙大厦
电　　话: 编辑部:(010)58124823
邮购部:(010)58124848
销售部:(010)58124845
传　真:(010)58124856
网　　址: www.shcbs.com.cn
shcbs.mca.gov.cn
经　　销: 各地新华书店

中国社会出版社天猫旗舰店

印刷装订: 河北鑫兆源印刷有限公司
开　　本: 170mm×240mm　1/16
印　　张: 10.75
字　　数: 150 千字
版　　次: 2021 年 6 月第 1 版
印　　次: 2021 年 6 月第 1 次印刷
定　　价: 58.00 元

中国社会出版社微信公众号

《述说八里庄》编委会

序　言

历史照亮未来，奋进书写华章。

2021 年距明成祖朱棣自南京迁都北京（1421 年）整整过去了 600 年。在这一重大历史节点上，记录和保护地区的历史文化，就成了我们的使命，也是一件非常有意思的事情。北京市海淀区八里庄街道启动编撰《述说八里庄》，旨在通过讲述八里庄辖区历史文化古迹的沿革与现状，实现保护文物、普及知识、宣传文化、传承精神的目的。

在街道老同志张鸿祥前期搜集整理相关文史材料的基础上，时经一年素材搜集探究、人物考证、走访调研，2021 年本书正式呈现在读者面前。恰逢中国共产党成立 100 周年，通过本书的出版发行，让八里庄地区党员干部在学史明理、学史增信、学史崇德、学史力行中崇尚真理，振奋精神，砥砺前行。

历史文化遗产不仅生动述说着过去，也深刻影响着当下和未来；不仅属于我们，也属于子孙后代。保护好、传承好历史文化遗产是对历史负责、对人民负责。本书让沉寂在广阔大地上的文化遗产、书写在古籍里的文字都"活"起来，以丰富我们的历史文化滋养。党的十八大以来，习近平总书记站在实现中华民族伟大复兴中国梦的战略高度，反复强调传承中华文明、坚定文化自信、凝聚民族精神，指出："一个民族、一个国家，必须知道自己是谁，是从哪里来的，要到哪里去。""只有坚持从历史走向未来，从延续民族文化血脉中开拓前进，我们才能做好今天的事业。"

摩挲书页，聆听文化的钟鸣，我谨代表八里庄街道党工委、办事处，邀您捧卷而读。寄望广大读者朋友认识了解八里庄地区发展的历史脉络，团结一致奋力书写慧美八里新篇章，携手共建现代化、国际化创新型宜居宜业城区和北京国际科技创新中心核心区。

《述说八里庄》在讲述各名胜古迹的同时，通过历史人物与事件拓展，介绍相关的传统文化。八里庄是海淀三山五园历史文化的一个重要组成部分，这里有明清时期的古老建筑摩诃庵、永安万寿塔、定慧寺，还有明清的宦官文化，更有古往今来风靡华夏的关公文化，让广大读者在了解八里庄之余，对其他中国传统文化增进认识、增强认同。

我们常说：历史是有温度的，只有让一代代八里庄人、海淀人、北京人乃至所有后辈年轻人，聆听历史、记住历史、深研历史，以史明鉴，才能更好把握新时代赋予我们的伟大使命，增强文化自信，赓续优秀历史文化血脉。

二〇二一年五月

前 言

当我们用时近一年，又是搜罗史料，又是东奔西走做“亲历、亲见、亲闻”者的访谈，编写完成这本《述说八里庄》书稿的时候，我们不得不说，京西八里庄是一个有文化、有历史、有故事的地方。它的人文底蕴、它的历史积淀，曾被我们大大低估了。

的确，且不说北京市，只就海淀区而言，文化遗存、文物古迹就十分丰富，八里庄好像排不上号：人们对“三山五园”津津乐道，八里庄明显不在其列；对“上风上水上海淀”赞不绝口，八里庄方位明显偏南。但是，八里庄自有它的独特之处，由于这里长期处于辽陪都、金中都、元大都、明清北京城的西部近郊，离中心城区不远，很早便成了某些权贵和势要的死后葬身之地，尤以太监这一特殊群体为最。今摩诃庵、慈寿寺塔及京密引水渠下穿区域附近，曾是明代的太监墓地；在八里庄西侧，恩济庄所在，是文献有载和考古可证的清代太监墓地，大太监李莲英的墓地和阳宅及祠堂也在其中。定慧寺是太监张永于明正德四年（1509 年）“自出俸资，鼎新修造”的，后成为他的家庙；摩诃庵是太监赵政在明嘉靖二十五年（1546 年）开工建造，他死后即归葬于摩诃庵后院；就连万历皇帝于万历六年（1578 年）为其母李太后敕造的慈寿寺及其中的永安万寿塔，整个基址也是明正德年间（1506—1521 年）太监谷大用的墓地。八里庄与明清太监和太监墓“杠上了”，这本身就是一个值得玩味的话题，而探讨太监墓地及其形制，对中国古代特有的太监政治、对明清史、对北京史的研究都很有意义。据了解，有不少学者的相关研究就是从八里庄地上地下的文化遗存、文物古迹中汲取史料的。

但学者们的研究,不少是束之高阁的高头讲章,普通读者很难看得见、看得懂和看得下去。如果不是有一个名为“八里庄”的街道办事处名称响亮,不是有一孔名为“八里庄”的现代化桥梁横在京西交通要津,不是有一座大名鼎鼎的“慈寿寺塔”(正名“永安万寿塔”,人们除了俗称它“玲珑塔”外,偶尔还叫它“八里庄塔”),不是来京旅游的人们手持的中国地图出版社版的《北京市交通旅游图》上明确标注了京西“八里庄”的方位,八里庄恐怕就真的少有人知了。在搜集、整理八里庄历史文化资料的过程中,我们深深地感到,八里庄“底蕴”丰富,我们有义务、有责任向读者大众普及这一地区的历史和文化。固然,在互联网极为普及的今天,读者朋友从网上大致能够免费看到、了解到部分材料,但网上资料多片言只语、东鳞西爪,大多比较粗糙,鱼龙混杂、泥沙俱下,令人良莠难辨、莫衷一是,读者在不具备基本知识背景的情况下可能会被误导。而时至今日,还没有一本系统介绍八里庄历史文化的图书问世,正是基于此,我们编写了这本《述说八里庄》。“讲好中国故事,传递中国声音”,具体而言,对我们这些生活、工作在八里庄的人来说,不妨就从讲好北京故事开始,从讲好八里庄的故事做起。

众所周知,在八里庄地区,慈寿寺塔、摩诃庵被国务院公布为全国重点文物保护单位,定慧寺被北京市人民政府公布为市级文物保护单位,恩济庄被北京市人民政府列入第二批地下文物埋藏区名单,李莲英墓、恩济庄关帝庙被海淀区人民政府公布为海淀区文物保护单位,个个名头都很响亮。本书主要通过介绍这些地上古建和地上地下文物并兼及其他,来讲述八里庄及其故事的。全书共分八章:第一章《京西古道第一庄:八里庄》,引经据典,介绍八里庄在京西古道上的重要位置,京西古道及其时代变迁,八里庄村、八里庄路因煤运大兴而兴,又因煤运远去而衰,最后在新的历史时期重新焕发生机;第二章《京西古刹:定慧寺》,介绍定慧寺的营建过程及其营建发起人,明正德年间的太监张永和明朝那些事儿,对定慧寺的四合院形制、碑文、“八景”和古迹保护着力较多;第三章《一个有故事的地方:摩诃庵》,讲述摩诃庵的建筑形制和肇造者、明嘉靖年间的太监赵政的生平事略及赵政墓形制，对摩诃庵风水逸闻、文人雅趣、集篆经文和今日办学也有旁及；第四章《为皇家祈福：慈寿寺》，除了讲述慈寿寺塔作为“京师群塔之冠”这一文化瑰宝在古建上的艺术造诣及慈寿寺、慈寿寺塔的历史命运外，还叙写了万历皇帝与李太后、张居正间的微妙关系和明末的宫廷斗争；第五章《清代太监墓地：恩济庄》，详述清代雍正皇帝敕造恩济庄和关帝庙的过程，介绍了清末民初的恩济庄、关帝庙和李莲英墓的情形，笔涉李莲英墓的发掘和出土所见，重点评说了关帝、关帝文化和李莲英其人；第六章《中国第一所盲人学校》，介绍了八里庄大地上的一块“金字招牌”，创下137年建校历史、全中国最早、如今规模最大的盲校——北京市盲人学校的办学历程、办学特色和办学成绩；第七章《“天义客店”一个甲子的记忆》，介绍作为个体经济的天义客店，从1953年至2013年“屹立不倒”，整整一甲子的传奇故事，这一“奇迹”的背后正是店主人的红色基因；第八章《八里庄地区地名的由来》，简要介绍八里庄及其周边11个知名度较高地名的得名由来，从地名看文化，从文化看中国。通过对以上一个个代表性文化“符号”的述说，本书将一个立体的、有血有肉的“八里庄”呈现在了读者面前。

就内容属性而言，本书不是有关八里庄历史文化的研究性专著，不是八里庄地上地下文物考古资料的汇编，也不是有关八里庄的民间文学之集成，本书就是一本八里庄风物散记，一本带有一定学术实证色彩而又不失生动活泼文风的乡土文化读本、地情教育读本。需要指出的是，本书难称为“八里庄史”，因为它并没有依时代先后顺序系统讲述八里庄的古今变迁、历史风貌和风土人情；本书也难称为“八里庄志”，因为它也没有全面反映八里庄地区从古至今在经济、政治、文化、社会和对生态文明等诸多方面的建树和成就。八里庄的故事、历史和文化当然不止于此，我们的“发掘”工作还非常不够，本书也留下了不少遗憾。特别是近现代历史，如教育家、慈善家英敛之及其在八里庄的英氏家族墓地，地下党员任显宝在崇兴寺（即白塔庵，原址在今西三环中路中国画研究院院内）的革命活动等，或囿于文献失载，或因为其人其事的特殊性，找不到基本史料，本书就没有涉及。随着有关史料（包括口述史料、回忆录）的日益丰富、相关历史档案的解密，不久的将来，我们会奉献给大家一本类似八里庄“史话”“志略”这样的“大书”出来。有多少史料，讲多少故事，真实客观，我们坚持锻造“信史”的初心不变，我们对历史的热情和敬意不变。

就“本质”属性来说，本书显然姓“史”。习近平总书记说：“历史是最好的教科书，也是最好的清醒剂。”这个春天，全党、全国、全民都在开展“四史”教育，学习、了解八里庄的历史和文化，特别是洞察其中的中华传统文化基因和红色革命基因，对我们开展“四史”教育、学好“四史”当不无裨益。本书出版之日，正值各行各业各单位喜迎建党100周年的大好日子，这本书就是我们为建党百年献上的一份小小的礼物。我们有充分的理由相信，在伟大的中国共产党的坚强领导下，弘扬传统优秀文化、增强文化自信、把握新发展阶段、贯彻新发展理念、构建新发展格局、推动高质量发展，实现“慧美八里好生活，宜居宜业新街区”奋斗目标，八里庄的明天必然会更加美好。

本书是以传世历史文献和近人、今人的著述为基础编写的。一些章节后面附有参考资料，以此向相关编著者致敬和致谢。本书系多人合作撰稿，各部分写作风格难免不一，加之水平有限、成书仓促，书中的疏漏乃至舛误之处在所难免，敬请方家和读者批评指正。

编者

二〇二一年四月

目　录

第一章

京西古道第一庄:八里庄

八里庄,作为“京西古道第一庄”,是阜成门外第一个称“庄”的地方,是阜成门至门头沟交通干线上的重要路站,京西古道穿庄而过。从这张拍摄于1918年左右的老照片看,20世纪初的八里庄是有寨门和寨墙的,寨门像县城的城门楼,不过这寨门和寨墙是用石块砌成的。门楼是灰筒瓦硬山卷棚顶,三开间,进深一间,下面门楼台座正中辟有一个三伏三券的券洞,中设内嵌对开木门,一个村庄的寨门着实气派。

提起八里庄,在北京地区可以说是颇具知名度,几乎人尽皆知:朝阳门外有个东八里庄,阜成门外有个西八里庄,都以距城门八里而得名。

打开明清和民国时期的老北京城郊地图,我们就会发现,在 1939 年日伪统治者将朝阳门南和阜成门南的城墙各凿开一个口子(时称启明门和长安门,抗战胜利后稍加开拓,命名为建国门和复兴门)。新中国 20 世纪 50 年代兴筑以天安门广场为中心的东西中轴线之前,东八里庄和西八里庄,连同其一条东西线上的朝阳门和阜成门,实际上承担着近乎北京城“东西中轴线”的功用,分居京东和京西之要津,地理位置十分了得。

阜成门位于北京内城西垣之南,元朝为平则门,与朝阳门(齐化门)东西遥遥相对。“平则门”之名沿用到明正统年间,正统四年(1439 年)重修,正式改名“阜成门”。阜成门为通往京西之门户,明清及之后很长时间,城内所需煤炭皆由此门运入。

1870 年,阜成门瓮城外西北面

东、西八里庄的发达,与朝阳门、阜成门地位之重要息息相关。“内九外七皇城四”,明清北京内城有九座城门,东、西城垣居中的城门是朝阳门和阜成门(元代分别叫齐化门和平则门)。从南方漕运到通州张家湾码头的粮食,自朝阳门进城;从门头沟开采的煤炭,通过阜成门进城:一东一西两座城门,掌控着整个北京城的“命脉”——“米”和“柴”,地位举足轻重。因为关乎日常生计,当时老百姓亲切地称呼它们为“粮门”和“煤门”。相传朝阳门和阜成门两瓮城的门洞上曾经各自镌有谷穗和梅花的图案,足见彼时这两座城门在人们心目中的重要分量。几百年来,在两座城门之外,各自形成了一条百里通途,而两个八里庄,就分别坐落在距离朝阳门、阜成门八里之遥的“通途”之上。

这里,我们给大家要述说的是阜成门外的八里庄,一个历史积淀很厚的自然村落。

八里庄所在的这条西行之路,自阜成门起步,从城区到郊野,自平原至山区,由一条到多条,越往西越枝蔓,纵横交错,殊途而同归。不知何时,这条道有了一个响亮的美誉:京西古道。

一、京西古道

“京西古道”,一个富有诗意的名字!

据说,元代马致远的小令《天净沙・秋思》就是描写京西古道的:

枯藤老树昏鸦,小桥流水人家,古道西风瘦马。夕阳西下,断肠人在天涯。

诗人多么悲苦,诗意多么神奇!据考证者称,在今北京门头沟区王平镇韭园村西落坡所在的京西古道旁,有一处古宅就是马致远的故居。马致远这首小令,也包括其他作品,其所指都能在这里得到自然实证,村民们说得绘声绘色,有鼻子有眼,令人不能不信。出生在元大都(今北京市区)的马致远,据专家考证,大半生“在路上”,漂泊无定,浪迹天涯。如果这首绝唱真是“唱”给京西古道的,倒也算千古“绝配”。

实际上,“京西古道”之“古”,岂止元代!“京西”的叫法当自辽、金始。契丹会同元年(938 年),辽升幽州为幽都府,立为南京,实为陪都;开泰元年(1012 年)辽改幽都府为析津府,改南京为燕京;辽析津府在今北京城区西南。

金天会三年(1125 年),金灭辽;天德三年(1151 年),金扩建辽南京城,改称中都,定为国都;金中都府在今北京市西城区广安门附近。有了“京”自然就有了“京之西”,元、明、清在金中都的东北郊相继建都七百多年,“京西”更是深入人心。北京西山是太行山的一条支阜,古称“太行山之首”,从西边遥遥拱卫着北京城,曾被古人誉为“神京右臂”。而城市、国都本就是四方辐辏之地,加之潭柘寺的香火不绝和西山的煤业大盛,阜成门是元、明、清和民国时期北京城往来今门头沟西山直线距离最短也最重要的出入门户,阜成门和西山腹地间由此便逐渐有了这样一条进香、商旅、军需和煤运的通道。这也是一条从京城向西延伸至今河北省涿鹿、怀来、涞水乃至山西、内蒙古的重要官道。这条官道,就是今天所谓的“京西古道”。

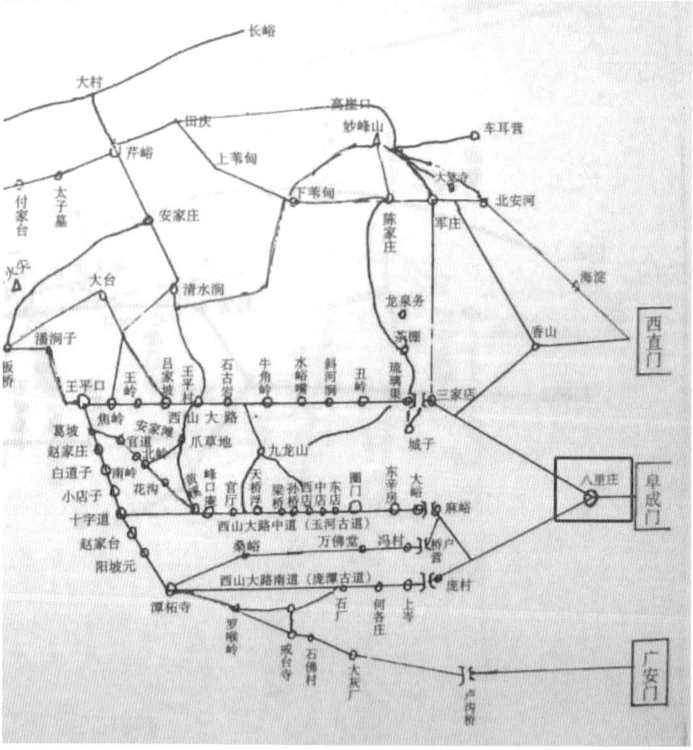

京西古道示意图

京西古道,如今不止在“驴友”眼中已成为旅游名胜佳地和徒步大会专用的“打卡地”,“沿途可领略串串蹄窝、石碑崖刻、关城敌楼、亭台庙宇……”,位于门头沟西山的那段,地广人稀,村寨星星点点,京西古道大致可以分为两段,西段是山区路段,主体在门头沟及其以西,与其说是一条路,还不如说是数条以东西走向为主的大道小道纵横交错编织而成的交通网络;东段是平原路段,向东经过石景山区模式口、高井、西黄村,海淀区田村、八里庄、钓鱼台,西城区三里河,直抵阜成门下。京西古道成为官道不晚于唐末。京西古道主要有北路、中路和南路三条,西通塞外,北、中、南三路在今门头沟王平口殊途同归,王平口号称“过山总路”;东连帝京,南路偏向西南,而北路和中路在石景山区模式口聚合为一路,向东延伸,今西八里庄路就是其中的一段。八里庄是西山进出阜成门必经的一个重要站点。

二、古道第一庄

王平口是京西古道西进之“过山总路”,八里庄是京西古道出阜成门西去的第一个“咽喉”要道,是东来西往的必经之站点。因此,八里庄是“京西古道第一庄”,名副其实,实至名归。

京西古道,作为连通阜成门和门头沟的主干道,其功能当然不限于煤运。历史证明,这条京西大道,确实是因为西山有了煤而更受重视和更加畅达。可以想象,从西山发现煤、北京城里人有了用煤的习惯那一天起,京西古道就成了一条畅行无阻的官道,沸腾而又火热,车队、马队、驼队和行人络绎不绝。

北京地区的采煤史,最晚开始于辽代。京西古道当然也是往返运送其他物资的通道。那年月,阜成门早晚是要定点开门和闭门的,八里庄,就是千里迢迢运送煤炭等物资的马帮、骡帮、驼帮、驴帮、车队天擦黑进城前、出城后歇脚打尖的地方。不难推测,这个地方的旅社、饭馆、店铺和晚上的灯光,曾寄托着匆匆赶路、又累又饿的人们多少希冀和渴盼。八里庄,就是这么一个能给人温暖和回忆的好地方。想当年，这里一定是个店铺林立、商贾云集的市井繁华之地。

“八里庄”这个地名的出现，从文献看，当不晚于明嘉靖年间。明代《京师五城坊巷胡同集》表明，嘉靖三十九年（1560 年）就已经有了这个地名。记载摩诃庵（现在的北京市海淀区八里庄小学）建造者赵政生平文字的《明故前司设监太监掌惜薪司事德斋赵公墓志铭》说：“公享年六十三，墓在香山乡八里庄之原，葬以丁巳四月初二日。”赵政死于嘉靖三十六年，即 1557 年，当时八里庄归香山乡管辖。有关八里庄的传世文献较少，在侯仁之先生主编的《北京历史地图集》这一著作里，元代的北京地图上已经有了田村这个地名。田村是京西古道西去的下一个自然村，距离八里庄八里之遥，八里庄成村时间当与田村相仿佛，如此，则八里庄作为京西地名，也有七百多年的历史了。

从考古资料看，八里庄曾出土一座三国曹魏时期的墓葬，其一弩机上有“正始五年”（244 年）的刻文；曾出土一座唐代墓葬，此墓建成于唐开成三年（838 年）。这说明，距今一千七百至一千一百年前的八里庄，曾被视作一块福地和风水宝地。明代中期八里庄开始成为太监墓地，我们看到，明嘉靖二十五年（1546 年），太监赵政在八里庄建造摩诃庵；万历四年（1576 年），万历皇帝为生母李太后在八里庄敕造慈寿寺；李太后的生父李伟（1510—1583 年）权倾一时，炙手可热，死后葬于慈寿寺西北方向（1977 年被发现），其墓室是他生前向皇帝请赐三万两银两建造的；清雍正年间八里庄西边一块地被雍正皇帝御批为太监身后的茔地，赐名恩济庄，清末大太监李莲英的坟地也在这一带。创办《大公报》的英敛之先生，1926 年 1 月 10 日逝世，其灵柩归葬八里庄慈寿寺塔下，这里成为英氏家族墓地。有这么多人在八里庄建庵造塔，又有几个有头有脸的人生前就把八里庄作为身故的归宿之地，八里庄，自不能轻率地以“乱坟岗子”之类而等闲视之。据传，本地一地名“又一村”的得名，出自陆游的诗句“柳暗花明又一村”。明清时代，整个八里庄风景如画，是文人雅士吟诗作赋、谈天说地的雅聚乐园。

八里庄，作为“京西古道第一庄”，是阜成门外第一个称“庄”的地方，是阜成门至门头沟交通干线上的重要路站，京西古道穿庄而过。从一张拍摄于1918年左右的老照片看，20世纪初的八里庄是有寨门和寨墙的，寨门还真像县城的城门楼，不过这寨门和寨墙是用石块砌成的。门楼是灰筒瓦硬山卷棚顶，三开间，进深一间，下面门楼台座正中辟有一个三伏三券的券洞，中设内嵌对开木门，一个村庄的寨门着实气派。

1933年出生在八里庄的耄耋老人时启宽先生回忆说，他小的时候，八里庄东西一条街就二里地，地势不平，中间略高两头略洼，街的东西两边各有一个寨门，寨门像个城门楼，有两层，是用木材和石头做的，虎皮石基座。西寨门就在现八里庄路与恩济东街路口的东侧，什么时间损毁的不得而知，西寨门新中国成立时就剩下一个城门洞的基座；东寨门新中国成立时还在，20世纪50年代末，政府号召村民学文化，要建扫盲学校，因没有教室和桌椅，东寨门就被陆陆续续地拆掉了，石头砌教室，木料做桌椅。

1918年，八里庄东寨门外侧

整个八里庄这条街南面、东面、北面基本都是道沟，八里庄方圆一带土山子也比较多，小时候听老人们说，这些道沟和土山子都是当年万历皇帝给生母李太后建慈寿寺塔，取土时挖的，有四百多年的历史了。土山子和沟新中国成立后剩下的面积就很小了，慢慢你取一点土，他取一点土，土山子和沟渐渐就没了。实际上，道沟的形成可能比老先生说的还要早两百年。有文献记载，早在元代这里就有道沟。相传，元代修建元大都，从太行山东麓取土，运土的车经过今天的车道沟，有时也就近挖土，车道沟就是这样形成的，八里庄方圆地势低洼恐怕元代时已经初步形成。直到20世纪六七十年代，一下暴雨，瞬间，八里庄路东口和北洼路满街筒子都是水，可以到人的大腿根儿。

新中国成立前，八里庄有几家私营小客店、大车店，主要为往来经商、赶车的人服务。旅店狭小，设备简陋，只能放几张床，有的是通铺，卫生条件差。时启宽老先生1950年到1954年在八里庄一带做过片警，对八里庄的人口和经济最熟悉。他说，八里庄人的房子多沿八里庄小街而建，人口不多，从门牌讲大概有90号。门牌号从东门算起，先是路北一直排到西门，又从西门转回来到路南，往东一直到东门。一个号里面可能两户或三户，以门为主，大体上说，总户数200多户。时老先生家是79号，连通南北的昆玉河是1965年11月开始动工的，从颐和园的昆明湖接永定河引水渠到玉渊潭公园的“八一湖”（永定河引水渠是新中国北京市“西水东调”工程，兴建于1956年1月，1957年7月完工），是京密引水渠的二期工程，到1966年5月全部完工。他家就在昆玉河中心，拆迁拆到玲珑巷。街上住的主要是农民，种的地都在八里庄附近，在村外头、街南街北都有。主要种高粱、老玉米、谷子、白薯等。总体上穷人多。商业户就二十六七户，编席、当大夫、做买卖。那会儿做的都是小买卖，数得上来的西门一进门有两家，张家是回民，开一个小饭馆；刘家开了个马掌铺，钉马掌。再往东，有家油盐店。时启宽老人自小在大伯家长大，大伯平时种地，到冬闲的时候就去给人家拉骆驼。门头沟往城里运煤，必须经过八里庄，一个商户的骆驼一般有四匹到六匹，骆驼到城里，要送的户多，常常不是一个地，就需要雇人，大伯半夜起来去拉骆驼。八里庄这条路也走其他车，但除了煤，其他货物很少。这里的农民都是自给自足,大家都不经常进城。新中国成立前时老先生就进过两三次北京城,不进城的原因一是没事干,二是没有钱。他常常跟着大伯的儿子进城去卖小劈柴,把碎木头截成一段一段的,弄到城里卖给城里人去生火,来去都是走着。

1946 年,八里庄老街运输的驼队

老人家小时候上的是摩诃庵小学(今八里庄小学),说到摩诃庵和慈寿寺,他回忆说,摩诃庵四周都是坟墓,慈寿寺面积比摩诃庵大多了,从阜成路到玲珑路一直都是。后来,随着南玲珑巷居民的进入,不断建房,原来的墓地也不复存在了。直到 2013 年玲珑巷和嘉禾巷拆迁,据海淀区文保中心介绍,在 2014 年对该地进行文物筛查时,摩诃庵东西两侧发现 300 余座明代太监墓。后来,海淀区文保中心将其中 2 座保存完好的墓穴,移到海淀区凤凰岭公园进行保护和展示。

除了八里庄寨门东口的摩诃庵，往西一点是慈寿寺，今“永安万寿塔”还在。除此之外，根据历史记载，还曾有静妙庵、七圣观、永庆寺、大悲寺、地藏庵和关帝庙等佛教、道教建筑，现已荡然无存了。

1920 年的慈寿寺塔

三、历史在这里交会　成为文化打卡地

现今，八里庄原慈寿寺大部分建筑已不见踪迹，但“永安万寿塔”却成为无言的存在，变成八里庄地标性建筑。为更好地保护它，北京市海淀区园林局于1988 年春季，在慈寿寺原址以永安万寿塔为中心建起一座公园，取“玲珑塔”中的“玲珑”二字，定名为“玲珑公园”，1989 年正式向社会开放。后来公园北侧新开的路，也叫玲珑路。

现在,玲珑路南北两侧建有与火车相关的火车头广场和街心公园。八里庄,缘结阜成门和京西古道,因煤而被历史铭记,历史记录了它昔日的辉煌。但进入民国年间,随着煤运交通工具的更新换代和西行主干道路不断变道,在京门公路(平门公路)给八里庄带来最后的好运的同时,京西古道八里庄这段官道渐渐被时代遗忘。西直门和前门20世纪初先后开通火车,火车蒸汽机车需要大量煤炭,煤炭一时供不应求,靠公路,靠畜力、人力解决不了问题,铁路运煤应运而生。光绪三十二年(1906年)开工建设北京到门头沟的京门铁路(大台铁路)从西直门始,设五路、西黄村、石景山、三家店站,终点门头沟城子,两年后建成通车;1924年开工建设门斋铁路(门头沟到斋堂),1931年竣工通车;1949年后又有支线,延伸至极桥站(现名木城涧站)。从西直门到五路这段铁路就在八里庄北面现在的慈寿寺桥上,时启宽老人曾经多次提到。接着,从20世纪50年代开始,新中国废弃阜成门通往西山的京西古道原道路,另新修高级路,与阜成门、阜成门外大街东西直通,初至五棵松路(今西四环),东段为沥青路面,西段为碎石路面,不久全程改成沥青路面,道宽23米。后自阜成路末端西延建设了阜石路,至石景山与门头沟路相接,道宽16.6米。这条大道在今西八里庄路、田村路的南侧200米处,与八里庄路、田村路平行向西,是出入阜成门和京西的主干道。而复兴门及其西延线路复兴路、石景山路这一真正意义上的东西中轴线的贯通,使得从阜成门出城进城的人和车走西八里庄路的越来越少,西八里庄路由一东西要道蜕变成了一条连接各个居民区间的东西小道,至今难掩孤独和落寞。2020年年中,在人民网“领导留言板”板块,有多个网友向市、区领导留言,建议西八里庄路开通公交车。相信不久的将来,这段有着七百年历史的古老道路,在重换新颜、整修一新后,会恢复昔日“大道”的荣光。

在八里庄北,京密引水渠昆玉河畔,20世纪80年代末建造的玲珑公园里,特辟有一个火车头广场,摆着一台蒸汽机车,据说是曾经跑在京门铁路上的一个火车头。今天,当你漫步昆玉河西的玲珑路上,会发现路北有一“京门铁路主题公园”,公园里满满的“京门铁路”元素。是怀旧,是纪念,京门铁路主题公园和玲珑公园火车头广场，一北一南相距不过千米，隔玲珑路而对望，仿佛向人们诉说着曾作为“运煤大道”的京西古道八里庄段的兴替和变迁。这里镂刻着时代发展的深深印迹。

八里庄这个“庄”，就在时启宽老人曾经工作过的海淀区原玉渊潭公社（玉渊潭乡）范围内，现在是海淀区人民政府八里庄街道办事处所在地。玉渊潭，因水得名，辽金时称钓鱼台，元时名玉渊潭，清乾隆皇帝在此修建行宫，八百多年来一直是北京城著名的游览胜地。其中的西钓鱼台原址就在八里庄边上。从阜成门过三里河、钓鱼台，到八里庄，处处皆景致，无一不精彩。虽然京西古道八里庄官道（西八里庄路）一段风光不再，但京密引水渠昆玉河呈南北向穿八里庄而过，风景依旧美丽。昆玉河不是一条完整的河，在今八里庄街道办辖域之八宝庄南侧与永定河引水渠汇合，除了发挥它向城区输水的功能外，现在俨然是一条知名网红打卡胜地。在八里庄，有好几处很有历史感的文物古迹、文化印迹和文化传承。摩诃庵、慈寿寺、定慧寺、恩济庄和天义客栈、北京市盲人学校，或有深厚的传统文化底蕴，或有丰富的红色文化基因，它们与京西古道一起，见证了八里庄这个自然村落古往今来的一点一滴，值得每个居住在这里的人留恋和回味。

八里庄，坐标阜成门外八里，是京西古道上的一颗明珠，既有阜成门“城”的伟岸，又有海淀区“水”的灵秀，还延续了京西古道“史”的余脉，文化遗产荟萃，人文资源丰厚。我们有理由相信，历经七百多年沧桑的八里庄，这个美丽的地方，在新时代的征途中必然会焕发出更加绚丽夺目的光彩。

参考书目

［明］张爵．京师五城坊巷胡同集［M］．北京：北京出版社，2018．

［明］沈榜．宛署杂记［M］．北京：北京出版社，1983．

中共海淀区委宣传部．海淀简明通史［M］．北京：新华出版社，2016．

曹子西主编．北京通史（全十卷）［M］．北京：中国书店出版社，1994．

侯仁之主编. 北京历史地图集(政区城市卷)[M]. 北京:文津出版社,2013.

北京历史纪年编写组编. 北京历史纪年[M]. 北京:北京出版社,1984.

北京市海淀区地方志编纂委员会编. 北京市海淀区志[M]. 北京:北京出版社,2004.

海淀区地名志编辑委员会编. 海淀区地名志[M]. 北京:北京出版社,1993.

王彬,徐秀珊. 北京地名典(修订版)[M]. 北京:中国文联出版社,2008.

张清常,张晓华. 北京街巷名称史话(修订本)[M]. 北京:北京语言大学出版社,2004.

袁树森. 老北京的煤业[M]. 北京:学苑出版社,2005.

第二章

京西古刹:定慧寺

“太监第一,以太监为本”,似乎成了定慧寺兴建及存在的理由,自然也成了老太监们养老归终的终极场所。太监是一群在一定历史时期失去故乡、失去宗族的人,少壮时聚集在宫中出力,年老后自然很难适应宫外生活,他们需要扎堆、彼此照拂、抱团取暖,修得来生的福德。

“定慧”二字，取于佛家“由戒生定”，因定发慧、寂照又融、定慧均等之意。“定”，即去掉一切私心杂念，思想高度集中；“慧”，即由“闻、思、修”三条途径来增长智慧。可见“定慧”二字是佛家修行之纲领，而颇具深意。然而，定慧寺却非佛家子弟所建，而是由当时社会中的一个特殊群体太监募资修建而成。

定慧寺历代都有修葺，也曾经是京西大寺，因为寺院坐落在阜成官道之侧，人来人往，香火旺盛。最早明宣德年间称善法寺，后改为云惠寺，在敕赐云惠寺碑（正德六年即1511年）上如此描述：“阜城关之西十里许曰香山乡垂杨柳，实都城孔道，界连西山，境接天寿，凡中外官僚出入与君子适景，无不经顾其处；兵民之运煤粟，商旅之输蔬果，旦至暮未尝断绝，其往来之迹，非雨雪通宵不息，乃京师要冲之地也。”这段记载生动地展现了当年阜成路城关一带的繁华景象，无论是市井民众还是官员公干，甚至文人出游适景，都要经过或者光顾此地。定慧寺一度统领周边18个庵寺，规模宏大，全盛时期有殿宇数十间、和尚千余人，在明清时期是名副其实的著名大寺。

明朝那些事儿

要说定慧寺，还是得先说说明朝的那些事儿。

明朝开国皇帝朱元璋虽草根出身，却雄才大略，戎马一生。他为朱家子孙们争来了天下，也染着斑斑血迹。卧榻旁岂容他人酣睡，可不仅是赵匡胤一人的隐忧，作为开国皇帝，朱元璋更是有过之而无不及。功臣、大将们兔死狗烹，权力禁脔，又岂容宦官染指。朱元璋亲眼目睹过元末宦官的危害，下决心从根本上铲除宦官干政的一切可能性。洪武十七年（1384年），朱元璋特意铸成一块铁牌，悬挂在宫门上。铁牌上写着：“内臣不得干预政事，犯者斩”。至此，宦官的权力跌入了历史低谷，不能干政、不能与官吏串通一气，甚至连给自己置产业的权利也没有。

虽然明太祖朱元璋明令禁止宦官干政，但当皇权到了明成祖朱棣手中，宦官的地位又开始起了微妙的变化。这位皇帝不再警惕宦官，而是把宦官视为心腹,当作他控制外廷大臣的一股重要力量,开始重用宦官。朱棣之所以任用宦官,委以大权,很大程度上是因为在“靖难之役”中,他因有太监的帮助而夺取了朱允炆的皇位。

明太祖朱元璋画像

随之,又有李兴使暹罗(今泰国),郑和下西洋,侯显使西域,王安督军营,马靖巡甘肃,到了永乐十八年(1420年),增设的东厂都是由宦官主持和掌管的,开启了明朝宦官干政之端。就这样,宦官可以出使、专征、监军、分镇,刺探臣民隐情,逐渐大权在握。

朱棣的孙子宣宗朱瞻基还在宫中设立“内书堂”,也就是宦官学校,收取十岁以下的学生,达两三百人,由司礼监秉笔任校长,请翰林院学士来教导学生,而且还有成绩评定。一些宦官明古今、通文墨,不少都是皇帝的心腹依傍。

到了英宗朱祁镇时代,宦官的权力进一步扩大,开始掌握典兵之权。当时年方九岁的英宗还只是个只知玩乐的孩童,对鬼点子层出不穷的太监玩伴王振十分敬佩,成年后依然对他十分信任依赖,导致曾一度成为明朝老二的宦官王振开创了明朝宦官专权的滥觞,直到后来惊天动地的“土木堡”之变,也最终成为大明王朝从兴盛走向衰败的转折点。

据明人赵士锦在《甲申纪事》中记载,明末李自成进京前,偌大一个明帝国的国库存银竟不到四千两!而魏忠贤被抄时,居然抄出白银千万两,珍宝不计其数,以致崇祯多次痛心疾首地怒斥太监们:“将我祖宗积蓄贮库传国异宝金银等,明比盗窃一空。”崇祯的“痛心疾首”固然博人同情,却又让人无奈。让人同情，是因为贵为天子，却拿太监没办法；让人无奈，是因为皇帝自己其实就是那太监头子。辛亥革命以前的中国，历朝的衰亡大都与太监作乱有关，汉、唐、明三朝的覆灭与太监的专横暴虐都有直接关系。因此，宦官时代的结束，一定是王朝的覆灭。

在封建社会消亡之前，中国历史上没有宦官的时代真是不多。封建帝王是世袭的，皇帝唯恐他人篡位夺权。一般情况下，皇帝易猜忌朝廷的文武外官，提防着他们有外心，却认为朝夕侍候在自己身边百依百顺、出身低下而又没有后代的内官更可靠。太监，作为帝王与后妃的奴仆，支撑着皇家宫殿那广厦高台的金碧辉煌，成就了皇宫内统治者舒适优裕的生活条件。太监不仅涉足王公贵族、高官显爵的生活，还涉足复杂的政治斗争。

从“宦”字本意来看，“宦”是星座之名，宦者四星在帝座之西，因此宦官也就成为帝王近幸者的名称。明朝是中国历史上宦官最多的朝代，号称有十万之多。据王世贞《仑山堂别集·中官考十》记载：“南海户净身男九百七十余人复乞收入。”宦官遍布政府各部门，以太监充任的特务分布全国，尤其是天津、泉州、宁波、广州等对外商船贸易港口必定派驻“税监”太监，因此，明朝也被称为“第三次宦官时代”。

在明朝，宫廷有外三监，分别是国子监、钦天监、上林苑监。国子监是国家最高学府，钦天监是管理气象天气的部门，上林苑监是管理畜牧种植的部门。除外三监外，有内十二监，即司礼监、内官监、司设监、御马监、尚膳监、御用监、直殿监、印绶监、尚衣监、都知监、神宫监、尚宝监，这内十二监由宦官管理。所谓监就相当于宦官的部门和职责，十二监总领事叫作提督太监，十二监里掌管事务的宦官才叫太监，位居四品。十二监中权力最大的是司礼监，像刘瑾、冯保、魏忠贤都是司礼监。太监，在封建专制制度下，或沉于地狱，或平步青云，在两千年的中国历史大舞台上，演出了一幕幕惊心动魄的大剧。

诞生于明朝的定慧寺

宣德十二年,也就是1437年,内官监太监申用募得资金,从香山乡垂杨柳村民手中置地一顷八十亩,建造了这座寺庙,还请了一位名为静允的僧人当住持,并将寺院命名为“善法寺”。能募集资金、修建寺庙,还能请住持的太监一定地位不低、有号召力,也有些名气的。可这位太监为何修建寺庙呢?王夫之曾在《尚书引义·舜典四》中有一段针对太监的议论:

“宫刑施之,绝人生理,老无所养,死无与殡。无罪之鬼,无人除墓草而奠怀染。故宫者,均于大辟也。且宫刑之后,二气时乖,肢体外痿,性情内瘃。故阉瘸之子,豹声阴鸷,安忍无亲。且刑人并齿于天地之间,人道绝而发已凋,音已雌矣,何惧乎其不冒死而求逞于一朝?而又美其名曰,姑且怜其无用,引而置之官府之间,不知埋下祸根深矣。宦寺之恶,甚于士人,只因其无廉隅之借,子孙之虑耳,故惘不怕死,何况乎其以淫而在傍君主之侧耳。”

从这段文字中不难看出人们对太监因生理缘故导致各种异于常人之状的看法,言辞颇有些鄙夷之味,但单从“老无所养,死无与殡”来看,却也是这些人的真实结局。虽说有的太监是皇家贵戚的身边人,但能只手遮天,成为皇帝身边近臣的毕竟只是少数。话说太监大多都是穷苦出身,或是遭遇困顿,或卖或拐,才被迫自毁身体入宫伺候主子,自是低人一等,遭人鄙视,将老出宫之时,不是无家可归,就是有家难奔。于是,趁着有力气的时候,给自己的晚年退身之所做些准备,用自己积蓄下的钱买点地,把地捐给寺庙或者“施舍”一些钱给和尚修建寺庙,出宫以后便到寺庙里安身。估计是大太监申用思己及人,所以筹资修建了这座寺庙,为将来因年老体衰而出宫的太监们筹划一处栖身之所;抑或因为对今生悲惨命运的痛苦感受以及希冀修福来世的愿望吧。到了正德二年,内官监、各衙门太监等在一位叫马广福的太监的组织下,“各捐俸金,修饰增益,较前颇伟,四年完工”。重新修庙的举动自然得到太监们的支持和响应,就连当时著名的内宫“八虎”之一张永,一位极有权势的大太监,也为太监们的建寺行动出了一回头,他奏请当时的武宗皇帝朱厚照敕赐寺院额名。武宗皇帝非常恩宠信赖张永,不仅赐名“云惠寺”,还钦赏护持敕书二道,敕书内容即是目前尚存的正德明碑所记。云惠寺也就从此沾上了皇家的光辉。不过还有一种说法是僧人净空相中了宛平县香山乡垂杨柳地区的一古寺,想要重修以祝圣厘,司礼监太监张永遂自出俸银重建,修成后正德皇帝赐名“云惠寺”。

武宗其人

武宗这位明朝第十位皇帝朱厚照是何许人呢? 对了,就是那位在皇宫中模仿街市的样子开店铺,自己扮富商玩做买卖,天天找乐子的皇帝。能陪他这么玩的当然就是宫中的太监、宫女了。据说武宗年少时非常聪明,老师教的东西总是能很快学会,按理说他应该能成为一个不错的皇帝,但是周围的太监常常进献鹰犬及歌舞、角抵等戏,以至于当时的东宫被人们戏称为“百戏场”,年幼的武宗怎能抵御这些诱惑,进而沉溺其中。这位因为玩火差点烧掉宫殿,却在一旁看热闹的皇帝连死都因为玩乐。话说正德十五年九月,经清江浦时,武宗见水上风景优美,鱼翔浅底,顿起渔夫之兴,便自驾小船捕鱼玩耍。结果,提网时见鱼多,武宗大乐,尽力拖拉,船体失去平衡,他自己也跌落水中。被救起后,因呛水入肺,加之惶恐惊悸,又因秋日着凉,引发肺炎,最终一命呜呼。因为玩乐而死的皇帝还真不大多见呢。

以刘瑾为首的八个随侍太监受武宗专宠,被称为“八党”,后又号作“八虎”。张永就是其中之一。武宗赐予张永的敕书其内容也是夸夸其谈好似浮云,说“臣下有功者,懋赏必加,有善者荣名斯贲”,把自己厚待属下的作风先表扬一番,继而夸他这位近身侍奉的大太监张永如何“素秉勤慎”“益竭忠诚”。听起来是皇家的恩宠,但实际上建寺皇家是不出钱的,全仰仗太监们筹措,皇家打赏什么呢? 武宗一挥笔,赏了五十个度牒(类似僧人身份证,官家认证可以合法云游化缘),并免了该寺的粮草差役。可见武宗一朝对民众之苛吝,连一般寺庙出家人也免不了被刮掠膏脂。最后,这位皇帝煞有介事地说他这个敕令就是护佑寺院的,以后日子久了,哪个人敢来侵占破坏寺院,究罪不赦。估计这位享年31岁的皇帝怎么也想不到自己因为肆无忌惮地玩乐而英年早逝吧。不过后世也有对朱厚照极高的评价,说他是军事天才,有魄力、有胆识,听闻蒙古来犯,力排众议,御驾亲征,强有力地击退蒙古瓦剌军队,打败蒙古王子伯颜的进犯,在明朝皇帝中算是翘楚。这方明敕碑的文字活泼而夸张,令人忍俊不禁,还真有可能是武宗的亲笔。

明武宗正德皇帝朱厚照画像

张永之家庙

正德四年(1509年),成为御用太监的张永见云惠寺"古刹一区,年久败坏,自出俸资,鼎新修造",又在寺旁续买地10顷,成为他自己的家庙。此时的张永,因为太监们的内部争斗,加之错综复杂的前朝权力之争,使得当时内外势焰甚盛的刘瑾得诛。刘瑾是个臭名昭著的大太监,恶名堪比魏忠贤,在朝屡屡更改法制,摧残不归附自己的朝臣,鱼肉百姓,有"立皇帝"之称,中外士大夫侧目垂足,竟不敢作声。诛了刘瑾,人心大快,张永也被视为为国除奸的忠烈,后又多次化解太监张忠对王守仁(王阳明)的屡次诬告,也为崇拜王阳明的后辈所称道。本就深得武宗信赖的张永声势亦随之更上一层楼。在正德六年

(1511 年),张永又拿出一大笔钱,拓其邻地,大兴土木,进行扩建。对待自己的家庙建设,张永是毫不含糊的。《明武宗实录》记载,大太监刘瑾其实也想循着王振的先例,祈求皇帝敕谕他建庙,只因后来武宗杀了他,而没有建成第二个太监私庙。相传石景山的承恩寺原本就是刘瑾想建私庙的地方。此时的张永能有机会建自己的家庙,怎能不全力以赴。

家庙原本是儒教家族为祖先立的庙。家庙中供奉祖宗、先辈神像、灵位,供族人祭祀、朝拜、思念,并依时祭祀。而且家庙设立之前一定要有过高官才可。权势滔天的太监们虽是无家、无根之人,却一有机会就想着建起一座家庙,以此期望其权势永固,为自己及家族荐福保平安,如果是皇家的"敕建"庙,就更彰显其所受皇帝的专宠。云惠寺虽不是皇帝"敕建"的,但有皇帝的敕赐院名、敕书等,也足显其所沐皇恩了。当然,建庙资财是需要自己筹措的。

有了权势滔天的大宦官张永撑腰,云惠寺的规模迅速扩大,也正是在这一阶段达到了它的全盛时期,殿宇数十间、和尚两千余人,参禅的僧侣者众多,两旁坐落的 18 个庵寺也自然归附其统领,统称"十八房"。之后云惠寺在众佛教禅寺庙宇中位于显赫之位,成为古老而著名的京西古刹。

张永其人

张永(1465—1529 年),河北保定人。他早年追随太监刘瑾,明武宗时的宦官,"八虎"之一,与刘瑾有怨怼,刘瑾打算将之黜发南京,于是两人在皇帝面前对质——张永动手痛殴刘瑾,武宗令谷大用等置酒劝和。

安化王朱寘𬭎反叛,明武宗派杨一清总督宁夏、延绥,张永任杨一清监军,不久朱寘𬭎被杨一清俘获,张永、杨一清二人密议为国锄奸,张永趁献俘时向武宗告发刘瑾罪状,明武宗命令张永带领禁军捉拿刘瑾,最后刘瑾被凌迟处死。

正德十四年(1519 年),宁王朱宸濠谋反,明武宗亲征,命张永率边兵两千人为前锋,王守仁将朱宸濠俘虏,交付张永,江彬欲诬王守仁谋反,被张永救解得免。

明代太监张永画像

明世宗即位后,“八虎”受到打击,御史萧淮弹劾谷大用、丘聚等人蛊惑先帝,并牵连张永;世宗下诏命张永闲住;萧淮又弹劾张永在江西有违法事,贬为奉御,前往孝陵主持香光;关键时刻,已任大学士的杨一清挺身而出,奏报张永在诛灭刘瑾时有大功,明世宗遂起用其掌管御用监、提督团营,后不久病逝。

张永死后,谕祭三坛,予棺椁,由专门部门办理丧事,建造享堂;大学士杨一清为他亲自撰写了墓志铭,其后又追录遗功,也是备极风光。升其弟锦衣千户容为指挥佥事,本卫堂上管事;其兄富为锦衣副千户。

清朝的定慧寺

历史的车轮驶进了清朝,清朝改革了明代臃肿的太监机构,并制定了一套管理制度即宫规宫法,将明崇祯末年的9万多太监,削减为9000人。然而,太监这一特定历史群体依然活跃在国家的政治生活中,云惠寺也仍继续秉承着明朝的传统,太监们再接再厉维护着这座京西的太监佛寺。从清碑记录的大事上看,康熙时期大太监魏珠作出的贡献最大。清碑上记载:“定慧寺者,御前内侍魏公珠所重建也。”康熙年间,云惠寺已落败,但建筑筋骨还在。御前内侍太监魏珠估计是想与前朝太监张永以结胜缘,于是招工备料,大加修葺此庙。关于魏珠重建定慧寺的因缘亦可从寺内保存的清碑上得知。碑文如是记载:“魏公弱龄时,随其从祖国辅往游于此,睹其殿宇倾颓,即慨然于中。适有道人顾而语曰:红席时年至重修结胜缘时,魏公心窃异之。今二十年后,以时节因缘成兹善果,其夙根清净,福报之来,又宁可思议耶?”话说大约康熙三十年前后,年少的魏珠陪爷爷去爬香山,路过当时还叫作云惠寺的定慧寺,看到庙宇倾颓,墙倒屋塌,不禁感慨。正巧这里有个道人,疯癫言语道,将来有大贵之人会重修此破庙,魏珠同学“心窃异之”,幼小的心灵里埋下了“苟富贵,勿相忘,修庙宇,铸香炉”的远大志向,于是在净身事主,一步步成为皇帝宠爱的总管太监后,还起小时候的愿来。既然少年时遇道人得谶语是“红席时年至重修结胜缘时”,魏珠便灵机一动,顺势而为了。

康熙四十一年(1702 年)此寺又进行了重修,同年四月,趁着春光大好,康熙帝踏青至永定河畔,也有一说是康熙帝治水西巡永定河。在赴宛平城途中,康熙踏骑至寺院,将这座明代遗存的“云惠寺”更名为“定慧寺”,并留下手书匾额“慈云广覆”,一直沿用至今。从这里也可看出康熙帝对魏珠青睐有加,御驾亲察不算,还留下墨宝几许,西书房翰林院侍讲学士静海励廷仪撰写碑文,这皇家御前的凛凛威风也算是继承了蒙荫皇室的太监寺院的传统。

魏珠是一位传奇太监,他从一个哈哈珠子起步,在康熙晚年获得御前特别恩宠。被称为“珠子”的都是陪小皇帝玩耍的小太监,皇帝们成人后往往也比较倚重和信赖他们。魏珠历经康雍乾三朝,得宠于康熙,见恨于雍正,但宽宥于乾隆,享年极高。他筹款修寺,默默收留下一茬茬病老体衰的太监,自己并未出宫去寺里颐养天年,也许这位传奇老太监重修这座庙宇或是为了年少时的一个“梦想”,抑或是感怜自己的太监生涯的酸甜苦辣吧。

据后来的僧人口述,嘉庆年间(1813 年)及道光年间,相继募资重新修整过定慧寺殿庭,而至光绪十八年(1892 年)重新圈修了院墙,大约占地 180 亩,进行了比较大的翻修,并继续统领寺院周围的 18 间小寺,形成“一寺十八房”之说,更加确立了其京西大寺院丛林的地位。定慧寺俨然成了宫内太监栖身之所。据理推测,光绪十八年的大举重修估计少不了当时内廷大总管李莲英的推动。李莲英是清王朝的大太监,历经咸丰、同治、光绪和宣统 4 朝,他凭借着超人的圆滑聪明,成为慈禧最亲密的宠宦之人,以至于老佛爷打破太监至多官居四品的祖制,亲赐李莲英二品顶带,而李莲英的墓地就在离定慧寺北面不远的恩济庄。

今朝定慧寺

定慧寺现为北京市文物保护单位,尚存三进殿宇,以正殿所在的院落保存最完整,大殿、东西配殿及耳殿俱存,遗存在空军定慧寺干休所大院内,成为一清静赋闲之地。定慧寺原址为海淀区玉渊潭乡罗道庄村(玉渊潭乡于 2001 年 9 月经北京市政府批准撤销并街),后历经北京市文物局和海淀区文物所多次反复勘验,于 1990 年 10 月最终确定定慧寺历史遗迹为:北京市海淀区阜成路 66 号(西四环定慧寺桥东南)。定慧寺的原始山门庄严,仍存有古籍遗痕,现门前有一对汉白玉貔貅护守在门的两侧。门楣上有“定慧寺”匾额。大门两旁悬挂着一副颇有气魄的楹联。向左走不几步,能看到月亮门里一片青翠,几株数抱的古柏郁郁葱葱地挺上天去,庇佑着四合院式的几间老屋。走进月亮门再看,南边的天王殿已经封起一面不再通透,两边的东西厢房也改作了办公室的样式。定慧寺院内有一座木柱古亭,现已修葺。天井般的禅院中央修成了小花园,细细的小径,两旁是半人高的冬青,呈“工”字形分开了当年的禅院。四通敕修寺庙的御碑分别矗立在正中小路的两边,文字倒还完好,记录着这座古寺的几度兴衰。碑上记载,寺庙初建于明宣德十二年,名为善法寺,万历年间改名云惠寺。至康熙四十一年,有大太监魏珠重修殿宇,康熙钦赐寺名为定慧。寺门及天王殿匾额皆为康熙御笔题书,后殿檐前的对联曰:觉路弘开,慈航普渡三千界;法轮光照,佛日长辉亿万年。

定慧寺山门的北面

定慧寺天王殿

大雄宝殿不算太高大,殿前的月台已经辟成了豆藤架,架下放几排塑料凉椅,可以想象其间的休闲惬意。大殿早换成了玻璃门窗,虽然寺庙已经完全没了宗教色彩,不过屋宇还保护得相当完好,而大殿之北就是繁闹的阜石路,院里正是闹中取静的佳处,可谓使用与保护两利了。

定慧寺大雄宝殿

现在的定慧寺为某空军部队干休所用,一些退役的军人及其家属在此养老。干休所用作老年活动中心的大殿悬有一匾额,题为“慧云堂”。

文物古迹的保护与变迁

太监们随着清朝倾覆任由岁月流逝逐渐湮灭,1923 年,溥仪赶走皇宫里的最后一批太监差不多都在寺庙待过。在整个民国期间,这个群体活在社会的边缘,隐匿在众多破败的寺庙里度过余生,与太监密切联系的寺庙也随着他们的恩主或者寄生者逐渐离世直至消亡。

新中国成立后,定慧寺陆续被多个单位作为办公场所使用,主殿及 5 块明清石碑得以保存。1983 年,空军后勤部筹资对这座古寺进行修复,同年,定慧寺作为区级文物保护单位。1990 年成为北京市第四批市级文物保护单位。

悬挂于大雄宝殿内，康熙御笔“慈云广覆”匾额

定慧寺因被单位占据没有对外开放，但也没被完全拆除，直到 2002 年，市政修建西四环定慧桥，扩建阜成路时，因定慧寺北殿，即有“慈云广覆”匾额的后殿阻碍了阜成路东西交通大动脉的全线贯通，而被拆除。

四通敕修寺庙的御碑分别矗立在正中小路的两边，文字完好，记录着这座古寺的几度兴衰

在这个曾经有几千庙宇的北京城,某某寺的地名倒是真不少,但大多数寺院连点儿残墙颓瓦都没有了,而定慧寺却幸运地守住了小小一方遗址,也算是万幸。现如今的定慧寺尚存三进殿宇,大殿、东西配殿及耳殿俱存,以正殿所在的院落最为完整,还有那5块明清敕谕碑。定慧寺能保持现在的样貌,也多亏了一位离休老干部,应该也是一位对传统文化、历史古迹颇有情怀的老者。院内离休老干部徐挺看到四处零乱堆放的石碑深感痛惜,他召集十多个青年,用圆木垫在碑下滚动,花了好几天时间将四处倒放的石碑归位,随后又找来手推车和梯子,将碑体和脱离的碑顶帽契合安装好,还修建了藤架,辅助古树成活生长。徐挺老先生不但将四处散落、破碎的石碑修复、粘牢、复位,还将所有的碑文保护拓印下来。石碑碑文恰是寺院的灵魂、寺院的历史。书到此处,心中不由得感激那些默默尊重、保护着历史文化的人们。

定慧寺殿宇

定慧寺坐北朝南,整个建筑“法所宜有者,无不具备”。这个贯穿明清两朝的寺院虽经过多次重大修缮,仍保留了明代建筑风格,整体呈四合院式布局。明代佛寺总体追求完美的轴线对称与深邃的空间层次,山门内左右对称配置钟楼与鼓楼,佛殿前左右对称配置侧殿。定慧寺内分山门殿、天王殿、钟鼓楼、前殿、东西配殿、大殿、东跨院前后殿,数十间殿房,前出月台后出厦,都是明代建筑特点。目前,定慧寺中轴线上仅剩下山门、天王殿、大雄宝殿等建筑。山门3间,天王殿3间、青石券门3个。前殿为大雄宝殿,即正殿,是寺内现存规模最大的殿宇,为大式硬山,筒瓦调大脊用鸱吻,面阔3间,进深7檩,前出廊,檐下用一斗三升斗拱,东西两山各有一高浮手法的团龙砖雕。正殿前出月台,四通石碑位于月台之前。殿前后共有4棵古柏,修篁数墩。左右耳殿,也就是东西配殿,各3间,即伽蓝殿和祖师殿。殿后垒石为山,松柏环绕,果园蔬圃,周围树木森蔚,现已成为扩建的阜成路的路面了,站在定慧桥东侧,只能看见大雄宝殿的背影了。山门及前殿经后世返修,尤其是前殿两侧各建寮房数间,形成一狭长屏障,起到分隔空间的作用,颇具特色。而前面提到的康熙帝玄烨手书的“慈云广覆”即是后殿的内悬匾额,这个后殿现已无存,所幸的是,1983年修复殿房时,发现顶棚苇箔夹层内藏有此匾,完整如初。现在山门以南尚有一座3间小殿,也许是搬离原址重修的后殿吧。

定慧寺大殿前殿

定慧寺东配殿

定慧寺西配殿

说起这四合院也是有讲不完的故事,诉不完的长情。四合院,顾名思义,四周都有院墙包围着,是封闭式住宅。“四”是指东西南北四面,“合”是指合在一起,四面的房屋围合,形成一个“口”字形,这就是四合院。四合院的典型特征是外观规矩,中线对称,而用法又极为灵活,往大了扩展,就是皇宫、王府,往小了缩,就是平民百姓的住宅。辉煌的紫禁城与普通的农家都是四合院。《日下旧闻考》中引元人诗云:“云开闾阖三千丈,雾暗楼台百万家。”这“百万家”的住宅,便是如今所说的北京四合院。

老北京对四合院是情有独钟的,一句“天棚鱼缸石榴树,老爷肥狗胖丫头”的民间俗话道出了老百姓对自成天地、其乐融融的四合院生活的热爱与向往。北京四合院中间是庭院,宽敞的院落中可植树栽花、饲鸟养鱼、叠石叠景,一般家里都喜种植海棠树,列石榴盆景,以大缸养金鱼,寓意吉利,是十分理想的室外生活空间,好比一座露天的大起居室,把天地拉近人心,居住者能尽享大自然的美好,最为人们所钟情。四合院亲切宁静,有浓厚的生活气息,院内四面房门都开向院落,一家人和和美美,自在惬意。四合院又具有很强的私密性,关起门来自成天地;外面的人看不到院里,院里的人也看不到外面,一家人的活动都在院墙之内，与外界相通的唯一渠道就是大门，而平时大门是紧闭的。

早在3000年前的西周时期，古人已将多个房屋围合在一起形成以庭院为中心的合院式建筑。陕西岐山县凤雏村复原后的西周宫室就是典型的合院式建筑，也是我国已知最早、最严整的合院式建筑实例。合院式建筑外观封闭，内部营造出宁静、安全的生活环境，且房屋组合灵活，可以营建出丰富的居住空间。之后，合院式建筑在历史上留下的痕迹越来越多。元明清时期，合院式建筑已经遍布大江南北。从东三省的东北大院到江浙的“四水归堂”，从徽州的“马头墙式”到云南的“一颗印”，越向南，院落越窄小，正所谓“无庭院不成居”。合院式建筑在中华大地的沃土上扎根延续了数千年，而北京四合院正是其中一支。

四合院的营建是极讲究风水的，从择地、定位到确定每幢建筑的具体尺度，都要按风水理论来进行。四合院的神髓就在于一个“合”字，将一个家庭的所有成员“合”在一起。“庭院深深深几许”，只有在这古老的院落中，才能感受到这中国式的诗境——内外有别、上下有序，廊檐下岁月静好，窗扇间人世安宁。

定慧寺碑石

据《北京市志稿》第八卷《宗教志》载：“定慧寺在西郊阜成门外定慧寺村三十二号。寺为名刹，初名善法，后改名云惠，清康熙四十一年赐名定慧寺。内有碑三：一（明）正德六年（1511年）大学士梁储撰，一（明）万历二十七年（1599年）修撰翁正春撰，一（清）康熙五十一年（1712年）侍讲学士励廷仪撰。”但根据北京市文物局的相关资料来看，定慧寺现存碑石有5块，其中明正德、万历碑3座，清康熙、乾隆敕谕碑2座。最古老的是明正德六年（1511年）的敕谕碑和敕赐云惠寺碑。两碑形式统一，均为螭首碑，碑座正中刻草尾龙，四周如意云纹边饰，为典型的明代风格。说起这螭首，又有一段故事呢。螭是中国上古神话传说中一种没有角的龙，也被认为是龙生九子之一，好险，勇猛。

在中国古建筑或器物、工艺品上常用它的形状作装饰,嘴大、肚子能容纳很多水,在建筑中多用于排水口的装饰,称为螭首散水。而最为宏伟壮观的螭首散水应该就是大家所熟识的在故宫太和殿出现的“九龙吐水”了。

明代中期,出现过一种螭龙,也叫草尾龙。草尾龙,顾名思义,龙尾多开叉,似春草纹,身似兽体,脚有似兽足或鸟足两种,张口伸舌,上颚长于下颚,上颚高高上翘且前卷,略似象鼻,口衔折枝莲花一枝。不过这种形态奇异的龙纹在明代至康熙初期出现后就难得见到,仅见清康熙时有仿制品。

定慧寺大殿东侧的一处石碑

另一通万历二十七年(1599年)的重修碑,形制与两通正德碑相仿,碑座采用高浮雕的草尾龙,雕饰比正德繁缛,边饰采用卷草纹。但此碑碑文已经漫漶不清。据专家考证,此碑名为《敕赐云惠寺重修碑记》,此次重修自万历十九年(1591年)到二十三年(1595年)止,碑阴刻监修者姓名,多为内官监太监。

还有(唯一)一通清代石碑为康熙五十一年(1712年)立,螭首龟趺,励廷仪撰文。碑载内侍魏珠重修事,康熙四十一年(1702年)完工,以“延资法力,祝寿圣寿”,后康熙亲洒宸翰,赐名“定慧”,并题写匾额“慈云广覆”。

1984年5月在大殿后出土了明代铜质布袋僧两尊,造型优美,铸造工艺精湛,为明代佛像的珍品。同年,在四季青乡南辛庄村发现了一块《定慧寺开山第一代住持洪修和尚碑》,但碑石残损严重,字迹漫漶,从仅存的文字得知,洪修和尚为山西五台山出家和尚,受到康熙帝召见,康熙认为其才思敏捷,修行得法,便任命他为定慧寺第一任住持和尚。估计这就是那第五座碑。

定慧寺"八景"

定慧寺里除了康熙帝的御笔墨宝,最有名的就是其中的古树了。古树,作为一座城市的活化石,是城市历史的见证,既是一种自然遗产,也是一种人文资源。古树是经历了数百年,甚至上千年的变迁和人为影响后幸存下来的顽强生命,也为古迹名胜更添佳景。北京的针叶古树以松(油松、白皮松)、柏(侧柏和桧柏)为主,侧柏和桧柏占了90%;阔叶树种以国槐和枣树为主,国槐占到了71%。自周代起,皇宫中就种植槐树,因此槐树又有"宫槐"之称。槐树的适应范围广,寿命长,抗污染能力强,而且树姿优美,绿荫厚重,自古就被赋予了高贵、豁达的精神寓意。侧柏适应性强,耐旱耐寒耐瘠薄,四季常青,傲寒不败。在1987年北京市第八届人民代表大会上正式将国槐和侧柏确立为北京的市树。北京的古树大多留存在帝王行宫和公园名苑中。比如,中山公园中有号称"辽代七柏"的7株千年古柏,北海公

定慧寺内古松

园中有1300年历史的古槐之最,故宫中有“紫禁十八槐”;还有樱桃沟内的“石上柏”,相传是曹雪芹笔下“木石前盟”的灵感依托。

定慧寺大殿两侧精美的石雕

定慧寺内藤架

但凡寺庙大多都会有百年以上的古树护寺,苍劲郁密的古树烘托着寺庙宁静空寂的氛围。定慧寺这座历经数百年的京西古刹自然也不例外,寺院中至今古树参天,有松柏多株,其中又以柏抱槐和皂荚树最具特色,保留着古色古香之气息。

在这座古刹现有的小小一方遗迹中竟也能觅得"八大景观"。

1. 殿脊透雕。大雄宝殿脊上有纤细繁密的砖雕。南有二龙戏珠,北有凤凰和牡丹的透雕,造型精美,煞是壮观。

2. 蟠龙戏珠。正殿山墙上搏风板为蟠龙戏珠砖雕。镌刻玲珑,为一道风景线。

3. 皂荚云盖。在东跨院的前殿东南有一棵皂荚树,干分六枝,树冠如盖,是北京地区的"皂荚王"。

定慧寺内皂荚树

4. 紫藤虬枝。在大雄宝殿前有 5 棵紫藤,最初是空军老干部从河北易县山上挖来的藤苗,而今已是老藤虬枝,每逢春末夏初紫藤开花,香气扑鼻,使人忘返。

5. 古碑林立。在大雄宝殿前有明正德六年大学士梁储撰写的石碑、万历二十七年修撰翁正春撰写的石碑,清康熙五十一年侍讲励廷仪撰写的石碑,乾隆敕谕的碑记,四碑林立,气势不凡。

6. 幽篁婆娑。在正殿的西耳房前、前殿的石阶左右,有青竹数枝,长势茂密,风吹庭院,竹身摇动,月辉下竹影参差,惹人心动,给人以高洁、清逸和挺拔之感。

7. 古柏抱榆。在前殿左侧有一棵柏树,杈中寄生榆树,枝繁叶茂,甚为壮观。

8. 慈云广覆。慈心广大,覆于一切,譬如云也。慈云比喻佛之慈心,犹如大云覆盖世界众生。

目前,定慧寺不对外开放,却也不妨碍我们从史料记载及所存遗迹中去了解它的历史及其所承载的意义。

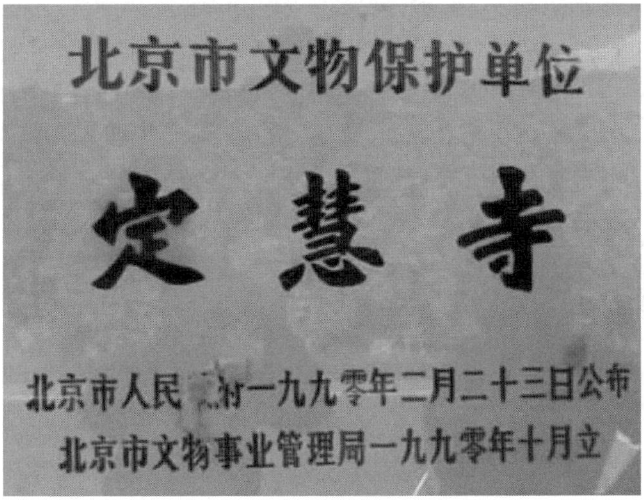

定慧寺文保碑

附:碑记

正德碑 1

皇帝敕谕官员军民诸色人等:

朕惟国家之待臣下有功者,懋赏必加,有善者荣名斯贲。凡恩赉之所及,皆激劝之攸存御用监太监张永，事朕春宫，素秉勤慎。洎司戎务，益竭忠诚，顷以年劳，进当监事，迹效日著，委任方隆。先是，永因宛平县香山乡地方，古刹一区，年久敝坏，自出俸资，鼎新修造，已赐寺额曰云惠寺。傍续买地十顷，额办粮草差徭等项，俱与优免。本寺住持诚印，升授僧录司左觉义佥书管事，仍兼本寺住持，行童五十名，俱给与度牒，令其朝夕供奉香火。尚恐岁月既久，邻佑居住官员军民人等，或至侵占作践，兹特降敕禁约，敢有不遵敕旨者，必罪不宥。

故谕。

正德四年闰九月十二日。

皇帝敕谕官员军民诸色人等：

朕惟国家之待臣下有功者，懋赏必加，有善者荣名斯贲。凡恩赉之所及，皆激劝之攸荐况其所请有志于为国与民者，尤不可不副其意也。司礼监太监张永，事朕春宫，素秉勤慎。洎司戎务，益竭忠诚，外患既除，内变斯弥。进居司礼，入典枢机，左右谋猷，勋名日著。凡可以佑国庇民者，无所不至，朕深谅焉。先是，永因宛平县香山乡地方，古刹一区，年久敝坏，自出俸资，鼎新修造，已赐寺额曰云惠寺。傍续买地十顷，额办粮草差徭等项，俱与优免。本寺住持诚印，升授僧录司左觉义佥书管事，仍兼本寺住持，行童五十名，俱给与度牒，令其朝夕供奉香火。尚恐岁月既久，邻近居住官员军民人等，或至侵占作践，兹特降敕禁约，敢有不遵敕旨者，必罪不宥。

故谕。

正德六年五月初十日。

（这二道敕谕刻在同一碑上）

正德碑2

敕赐云惠寺碑记：

光禄大夫、柱国、少保兼太子太保、吏部尚书、武英殿大学士、知制诰兼经筵事、国史副总裁、南海梁储撰。

赐进士出身、资政大夫、兵部尚书、奉敕提督十二团营、侍经筵、新昌何鉴书。

特进光禄大夫、左柱国、太师兼太子太师、英国公、奉敕提督五军十二营总兵官、监修国史、知经筵事、掌后军都督府、古汴张懋篆。

阜城(成)关之西十里许曰香山乡垂杨柳,实都城孔道,界连西山,境接天寿,凡中外官僚出入与君子适景,无不经顾其处;兵民之运煤粟,商旅之输蔬果,旦至暮未尝断绝,其往来之迹,非雨雪通宵不息,乃京师要冲之地也。傍有古刹,莫知所从起,倾圮荒秽已久。正德初,有释文鼐,道号净空,欲重作之,以为祝圣厘而祷丰岁者有归,夫何力不能胜。御用监太监守庵张公,尝奉诏有事于外过焉。知鼐尝居精严,寺有戒行,而其徒诚印,犹淳谨行端,可承其业。有志于此,而悯其成之难也。守庵延而见接以礼,慨然捐俸资,拓辟其地,宏大其规,鸠工庀材,而□人董其役。中为大雄殿,后为方丈,分峙于东西,左右为伽蓝祖师之殿,前为天王殿,钟鼓楼在中门之外,巍然翚飞,粲然□□,辅之长廊,绘以华藻,缭以大牖,为山门三。凡位像之设,经幢之饰,香灯之供,法所宜有者,无不备具,不逾年而得伟观于荒墟。置地十顷,瞻僧衣食。其缮之精成之亟,视出于公者,反有所弗逮,盖民之宜佛如此。事闻皇上,重公久事春宫,素秉忠义,多著贤劳,特加激劝,赐额曰云惠,敕有司蠲其粮草差徭。适文鼐以清修闻于朝,升左善世,掌僧录司印。工未就绪,别住保福,遂以诚印升左觉义佥书僧录,兼住本寺,行童五十五名,皆给度牒,焚修香火,禁官民不得侵践,非持一方之壮,是地之胜,实帝里之右天下之所宗也。守庵公削平外逆,潜消内变。

兄富,拜泰安伯,弟容,安定伯,寰,立军功,进中军都督府右都督。侄谦,佥右军都督府事。侄连,佥锦衣卫指挥事。公寻转司礼,一洗弊政,革奸除恶,内外帖然。复又降敕戒谕,以奖有功,以励方来,实正德辛未仲夏。公请予记,予闻佛之为教非一端,其要则以普济为事,凡可以救燔溺拯疾苦,难捐生而弗恤,故其□灾已脱亏屈者,澜倒而归其教无替,益隆于后世,可无一言以记。张公在帝左右，建不世之勋业，推济人利物之心，出所有，以成此举，而请给非常之恩命，祈祝圣躬，保安民社，人所难能也。其昆季富容寰，侄谦连者，皆能继述其志，常往来作新，僧众益谨焚修，诚万世不磨之遗迹，岂小小哉。

公名永，字德廷，别号守庵，直隶之新城人。掌司礼御用二监兼提督内官司设尚膳诸监局外，总三大营兼提督团操兵马，为国爱军恤民，过如赤子，老成清谨之望，锄强扶弱之誉，不惟于朝堂，播闻外藩，风动四夷。而我皇明开肇以来罕出。其右者则诚印徒为己责，又能恪遵戒修，益勤香火，黔制徒从各尽，乃事葺治以时，丰隆日见，可谓一时之际遇也。不辜所主能保全其终始，守庵公之德泽施舍无报，可不以申其功而告来者云。

正德六年岁次辛未秋八月吉日。

万历碑3

敕赐云惠寺重修碑记：

赐进士及第、翰林院国史修撰、直起居注儒林郎、闽三山翁正春撰。

按：云惠寺创自宣德十二年，内官监太监申公用者，功著当时，德□中外，乃□积资□□地启主寿藏义会□□既怀久远之图，而香火之□，安可□乎？遂倡同善士高宁等募化十方三千馀金，置都城阜成关外迤西十里香山乡垂杨柳村民地一顷八十亩，遂划量方向，始建正殿、□伽蓝佛像，更列侍从于傍僧舍、门屏□然□□其他果园蔬□周围树株森森□□，额曰善法寺。后则垒土为□，松柏环绕，而立寿域，延僧净允主之，率传徒众曾玄孙僧道果德兴文□□□等□世焚修香火。

正德二年，内官监各衙门太监等官，马公福广等，各捐俸金，修饰增益，较前颇伟，四年工完。琉璃窑提督太监马公名下张公永，奏请武宗毅皇帝，敕赐额曰云惠寺也。钦赏护持敕书二道，披剃度牒五十张，僧（下缺）钦□僧录司右觉义掌管寺事，率众焚修。会中等官，各捐己资共三千七百馀金，续买□□□□□等地土（下缺）六年，景皇陵□□□公□买□一顷九十馀亩，□为

□□常住地土。嘉靖三十九年□户部郎中□太□□□□□□□□□□年□□皇亲驸马□□□□□□□□□□□□□□□□□□公用三年嘉靖四年□□□□□□□驸马□奏讨本寺地土每岁收□□□□五两交纳三年嘉靖四十□年□裕府□奉李公□□□□宣□□□本□地土□□交纳□□□□□□纳□银一百两隆庆□□粮□□承天府例宛平县征□□□乾清宫供用万历十九年皇亲王奏讨本□□□内官监管理太监□□何公江西□□□□□□本寺地土□□□天府宛平县等官丈量明□仍归本县办纳粮差嘉靖二年三年间何公□□同□诸公日新月盛而寺之经久渐□倾□□□□□□□□□□□矣是以遍结会中诸公□□□然□□善哉善哉公□偕诸内外寮寀善士田祯等各□随缘分纷纷云集□舍聚□三千馀□乃鸠工庀材诸务毕举中构佛殿左□伽蓝□□□十王配□仪门天王殿肖像画廊两傍钟鼓楼幡幢□□方丈僧房香积厨□垣□□峨□□烜□园林蔬果□井开畦头□车乘□□□□□□斤□□□□□备具□寺之重建也殿宇禅堂□插云霄松柏□□□□挺翠□□□宏□然焕然靡不□意一始于万历辛卯六月间□□□万历乙未五月也工完□□悉与常住以□资斋粮诸凡公用延僧□□□例请札□授冠□□□入院主之率领僧众岁时晨昏焚修□□□□圣寿护国卫民侍□香火其盛矣□□□何公辈恐□而或湮征余言,勒诸坚珉,以垂不朽。是为记。

万历二十七年岁次己亥新秋吉旦。

[碑阴]

钦差天寿山寿宫总理工程内官监太监刘济

钦差乾清宫等处总理工程内官监太监陈朝用

乾清宫等处提督工程内官监太监田升何于升刘才

内承运库掌印太监孙顺 印绶监掌印内官监太监崔卿

御马监太监李仁解永张其宋成王印惜薪司北厂佥押管事张勋楮保张朝侯添寿刘觐

提督大石窝等处工程内官监太监张忠解宁 提督琉璃窑内官监太监刘成

马良汪海陈宗

提督黑窑内官监管理佥书太监何永王铭袁恩刘恭刘仁班全许谦戴进卢升□□陈永寿董清

提督马鞍山灰厂紫石塘内官监太监田忠赵贵刘勋周清王佃

钦差乾清宫等处提督三山催运石料兼管京城内外街道内官监太监何江

内官监太监等官赵进□朱增寿赵奉顾科卢保□朝袁进郭升潘□印侯应□王喜工朝陈英曹□王钱张桂刘进张敬

吏部尚书孙丕扬李戴

礼部尚书范谦韩世能

刑部尚书邵桂萧大亨

都察院都御史李世达袁自言温纯

顺天府府尹王之垣万自约府丞谭希忠□□□通判易道源汤师项何天中张九叙

宛平县知县沈榜胡炎宾尤际昌县丞刘凤翔李文盛刘荣张元芳杨□主簿张兴龄田主亨程应衢典□张椿

信官□祯等

康熙碑4

敕赐定慧寺碑记：

定慧寺者，御前内侍魏公珠所重建也，寺在阜成门西香山乡垂杨柳村，创于前明。宣德十二年初名善法，正德二年增修，改名云惠，万历中益拓而大之，门殿廓庑始为完备，迄今百馀年，日就堕圮。魏公发忠爱之诚，矢皈依之愿。于是鸠工庀材，大启土木，用以仰资法力，祝延圣寿，上报深恩。经始于康熙四十一年，蒇事于本年四月，具奏以请皇上赐名定慧。复为亲洒宸翰，御书寺名，并慈云广覆四大字，龙飞凤翥，日丽星辉，永为法门镇宝。宁止幢盖香花，庄严整肃，顿改昔日之观而已哉。且兹地南带桑干，北枕香山碧云诸胜，林木绣错，畦塍棋布,土脉厚而水泉滋,不待冥搜幽讨而得尘外之观闻。魏公弱龄时,随其从祖国辅往游于此,睹其殿宇倾颓,即慨然于中。适有道人顾而语曰:红席时年至重修结胜缘时,魏公心窃异之。今二十年后,以时节因缘成兹善果,其夙根清净,福报之来,又宁可思议耶?廷仪仰瞻欣逢盛事,爰书岁月,以志赞叹云。

日讲官起居注直西书房翰林院侍讲学士静海励廷仪撰。

钦取武英殿纂书留京知县期书。

鸿胪寺序班梅裕凤镌。

康熙五十一年四月初八日立。

第三章

一个有故事的地方:摩诃庵

摩诃庵,始建于明嘉靖二十五年(1546 年),由惜薪司掌印太监赵政集资创建,是北京现存明代建筑中比较典型和完整的一座。据传,兴建摩诃庵所用的建筑材料皆为修建紫禁城的余料,自建成至今经过大小多次地震,庵中建筑竟无一处裂缝,稳如泰山。

摩诃庵的故事要从475年前讲起。

在这段无比漫长的时光里,摩诃庵的命运一度和太监、名臣乃至奸佞联系在一起。它沉静却又从不寂寞地伫立在京城西郊,曾经声名显赫,也曾无人问津。

清代刘侗著《摩诃庵记》形容它:"庵近不欲市,远不欲山。僧高不至圣,卑不至伧。"明明在市井之外,又远离西山;庵中僧虽有修行但未成圣人,处世低调却不曾被人轻视。

直到1934年9月,伪北平政府出面将摩诃庵的方丈院、藏经楼、墓葬群和东跨院拨出,成立了公立八里庄小学,它才失去"庵"的作用。小学校至今仍在,一拨又一拨孩子从这里毕业离开,然后再回去……他们中的很多人后来一生都生活在八里庄,也常常重返母校,他们站在摩诃庵的院落里、大殿前、杏树下回想、沉思,忆起了很多很多或亲身经历或相传百年的旧事。这些旧事一次次地"造访"了已不再年轻的他们,又翩然离去。

一、京西名刹

摩诃庵坐落在北京市海淀区八里庄路东口路北,坐北朝南,现为八里庄小学校址,规模虽然不大,但寺中建筑却十分精美。它始建于明嘉靖二十五年(1546年),由惜薪司掌印太监赵政集资创建,是北京现存明代建筑中比较典型和完整的一座。据传,兴建摩诃庵所用的建筑材料皆为修建紫禁城的余料,自建成至今经过大小多次地震,庵中建筑竟无一处裂缝,稳如泰山。

摩诃庵现存文物有山门、天王殿(殿内文物皆毁)、大雄宝殿、东西跨院,以及东跨院内的集篆石刻。1955年,摩诃庵被公布为北京市文物保护单位,2013年,被定为全国重点文物保护单位。

摩诃庵连同别院法藏庵占地30余亩,另有果园230多亩,素以宽敞洁净著称于世。其四周是虎皮石墙,墙基宽1米余,墙高5米多,四隅筑有石角楼,一望川原如绣,在全国都不多见。摩诃庵平面建筑分东路、中路和西路。中轴线上依次为山门、山门殿、天王殿、钟鼓楼、东西配殿、大雄宝殿、后殿和墓地,最北面是赵政等太监的墓地。在中路的东西两侧,建有东跨院和西院禅房。摩诃庵东边是大乘庵、西边为法藏庵。

摩诃庵文保碑

摩诃庵山门

摩诃庵的院中,建筑高大巍峨,环境精巧典雅,清旷整洁,树木凝翠,柏树参天,花木丛集。夏日白天蝉噪高松,夜晚月影铺地,给人以身处山林之感。

摩诃庵山门前原建有一座影壁，现已无存。

按照中路格局，摩诃庵的南边是一座山门殿，建筑面积约30平方米。在山门的拱券式门洞的上檐正中，镶嵌着一面长方形汉白玉石门额，上面镌刻正书“摩诃庵”三个双钩金字，字迹古朴、端庄、清雅，相传这三个字是明代内阁首辅严嵩的手迹。山门内原塑有护法神哼哈二将，其形象威武而高大，雕塑精致，但可惜早年间已被毁无存。

摩诃庵内天王殿前的旗杆座

天王殿的前面两侧原各立有一根高大的旗杆，现旗杆也已经没有了，尚存古雅的旗杆石座，透着斑驳的风化痕迹，旗杆座的后面还长有5棵高大的古柏。殿门前的左右两边，原来各摆有一块用上等石料制作的上马石，上马石上浮雕着飞马、仙鹤和祥云图案。现在，这两块上马石已被文物部门收集保护起来。

摩诃庵内天王殿前的上马石

摩诃庵天王殿

摩诃庵天王殿前“藤缠古树”

说到这儿，很多人会提出，通常上马石应摆放在住宅或寺院的大门外边，为什么摩诃庵的上马石却摆放在山门的后边呢？据说，这是因为庵中的太监被阉割后已非男子，在门外上马似觉不雅，于是便将上马石摆放在了庵门的里面。

走进天王殿，殿中原供奉有四大天王、弥勒佛及护法神韦陀塑像，但因年久这些塑像亦早不知去向。

此外，天王殿前边的两侧，原来还各建有一座亭阁式钟鼓楼，后来钟鼓楼被拆毁，并在原址上建起平房。

沿中路向北，大雄宝殿是摩诃庵中的主体建筑，建造得十分壮观。大雄宝殿为歇山式，一斗二升斗拱，殿堂雕梁画栋，并饰有旋子彩画。殿四角均附有角柱，以加强对殿顶的整体支撑作用，虽经过 470 余年的风雨沧桑，仍保持着明代建筑风格的庄严和肃穆。在大雄宝殿的前檐正中，原来还置有“大雄宝殿”四个熠熠闪光的金字横匾。

摩诃庵内大雄宝殿

大殿内正中的须弥宝座佛台上,原供奉着高大的佛祖释迦牟尼像。造像的两侧是他的弟子迦叶、阿难立像。这组像均为铜铸鎏金。而在大殿的东西两侧,须弥宝座上是木雕漆金的十八罗汉像,造型栩栩如生。

大殿的顶部正中,原镶嵌有面积 3 平方米的大型檀香木蟠龙藻井,藻井中腾龙盘曲,龙首下探,口衔垂链挂灯。整个蟠龙藻井雕刻得非常精致,据说可以与故宫太和殿上方的蟠龙藻井相媲美。

大雄宝殿的内墙面上,则绘有佛教内容的彩色壁画。这些壁画虽走过了 470 余年的时光,颜色有些褪色,但还是可以分辨出其极为生动的人物造型,显示出了明代高超的绘画水平,堪称北京佛教寺院中不可多得的壁画珍品。这些壁画有相当高的文物价值,当年曾受到过郭沫若的重视,被定为北京市市级重点保护文物。1963 年,学校将大雄宝殿作为教师办公室时,为了保护大殿内的佛教文物,特意用隔板将佛像和壁画同办公区隔开。

大雄宝殿后面,原来还建有一座后殿和藏经阁,也不知何时消失在了哪一场风雨里。

大雄宝殿的前方建有宽阔的月台,月台前面两侧原来各立有一通石碑,石碑被传说中龙王九子之一的赑屃驮着。月台东侧的石碑上镌刻有正德编修费寀撰写的《摩诃庵碑记》,西侧的石碑上则镌刻着同朝编修孙承恩撰写的《摩诃庵碑记》。两篇碑记简略地记载了庵主人赵政的生平及兴建摩诃庵的缘由和时间。

可惜的是,庵内文物未能悉数保留下来,如大雄宝殿内的鎏金铜像及其佛身内的佛教文物,还有保存在庵内的历代古玩、名人字画、佛像及诗词集,其中包括康熙年间的彩色佛造像、乳白色雕花玉石影屏及郑板桥所画的墨竹等,尤其是大雄宝殿顶上的蟠龙藻井,也尽数被毁。

值得一提的是,月台两侧种有两棵高大的白皮松,其树皮雪白、树干古拙、枝繁叶茂,至今还坚挺地活着。

大雄宝殿及后殿的两侧各建有一座配殿,并有廊庑与天王殿相连,配殿中间也供有神像，东面为伽蓝殿，西边为祖师殿，供奉禅宗的祖师达摩。

摩诃庵东配殿

摩诃庵西配殿

大雄宝殿东面是摩诃庵东路的东跨院，此院清静优雅，翠竹成片。清代著名诗人王士祯曾有诗云："东院更幽绝，苍苔引深处。修篁蔽帘栊，风声在高树。”东院正北方有一座金刚殿,面阔三间,殿内收藏着《集篆三十二体金刚经》石刻,是北京最著名的石刻之一,曾有不少中外游客慕名前来参观。

西跨院中古柏与绿竹交荫,另有洞天。春季到来时,芍药、牡丹花竞相吐艳,鸟语花香,环境格外清幽恬静。西跨院墙外曾有一条小溪,俗名为“泄水河”,雅名为“虎溪”或“回溪”。这条小溪由西边的双槐树村东流经摩诃庵墙外,并流向钓鱼台前湖。虎溪之上,原建有一座小桥,跨过小桥,便可以进入法藏庵。

摩诃庵西跨院

西跨院的南北方建有两座雕花砖木结构的精致房舍,窗明几净,十分娴雅,室内设有硬木雕花隔扇,隔扇上挂有许多名人字画,院中还建有走廊连接其间。

沿中路再往北,摩诃庵后院建有赵政等太监的墓地。墓地最前面,原竖有一座石牌坊,石牌坊的后面是一个高大的石供桌,上面摆有大型的石雕五供,布设有致,雕镂精细,自成一景。院子最后面是一座高大的土山,这座土山在 1963 年学校建操场时被运走。

据说明代时,摩诃庵中的建筑及景物有“三绝”和“八景”。三绝是:石筑角楼、蟠龙藻井、《集篆三十二体金刚经》刻石。八景是:山门石匾、石楼高筑、门内上马、旗杆独一、松柏成林、杏林看花、集篆碑刻、墓园肃穆(另一说法是地宫坚固)。

然而,经过470多年的沧桑变迁,这“三绝”与“八景”中的大部分景物已经名存实亡,我们只能面对遗迹浮想联翩。

二、两朝恩宠

“摩诃”,梵语,透着禅意,其意思为“大”或“大智慧”。摩诃庵也就是大庵的意思。与定慧寺一样,它的建造也始于一位大太监的一念之间。

公元1546年,一个阳光和煦的午后,年过半百的赵政感慨于皇恩天命,在宫廷的回廊下,踱着步子有了建一处香火地的想法。

明代太监赵政画像

那一年,这位几乎用一生“伴君侧”的老太监已承宠超过了30年。

想必他也是预先想好了的,这里,也将是以后他的归处。

赵政是谁?前文已经提到了他“惜薪司掌印太监”的“大吏”身份,但他又为何要建此名刹,他本人又是如何走上权力的巅峰的呢?

原八里庄小学教导主任李文成老人现年99岁,是为数不多的还能记得民国时摩诃庵情况的长者之一。年轻时他与摩诃庵最后一代方丈正一和尚[①]有过交往。据老人回忆,正一和尚曾对他讲,赵政是弘治、正德、嘉靖三朝的老太监,权势很大。这里(摩诃庵)是他的墓地。因太监无子女接续香火,所以他要在墓地建庵,让寺僧世代为他烧香。据传,摩诃庵是当年维修故宫的官员为讨好赵政而修建的,用的都是修故宫的砖木。油漆彩画十分精美,有“小故宫”之称。

明世宗嘉靖皇帝朱厚熜画像

《明故前司设监太监掌惜薪司事德斋赵公墓志铭》则较详细地记载了赵政的生平。赵政生于明弘治七年(1494年),字延治,别号德斋,顺天府武清县人,父亲赵通,母亲张氏。他于明正德五年(1510年),即16岁时入宫,在朱厚照身边任随侍,为宫中正德、嘉靖两朝的老太监,侍奉皇帝46年。他在任时,由于办事有力,被正德、嘉靖皇帝所欣赏,屡受恩宠,在宫里的太监中显耀至极,无人能比。皇帝屡次赐予他蟒衣、玉带和大量的金币,并钦命他掌监事提督三千营及三千哨马营,后掌五军营,执掌摄监库侍应乾清宫等要职。

---

① 据李文成老人介绍,正一和尚原是奉系军阀之一张宗昌部下的一个团长。张宗昌被蒋介石、冯玉祥打败后弃甲出家,于20世纪20年代末来到摩诃庵。至新中国成立时,庵中只剩下3名僧人,后另两人还俗,正一和尚于1965年去世。

历史文献所反映的赵政是一个文武双全的人,能力很强,在宫中“文则典司礼仪,武则提督营”,嘉靖皇帝还亲自赐予他字曰:延治。

费寀撰写的《摩诃庵碑记》(左碑)和孙承恩撰写的《摩诃庵碑记》(右碑)记述了赵政兴建摩诃庵的目的:“大摩诃本佛氏语,儒者鲜有所闻,故莫详其义。细观公书,乃知公所以作庵之意,一为主上祝延万寿,一为其祖宗奉延香火,如此而已。”

作为一个出身低微的太监,他对于皇帝的恩宠感激不尽,如何才能表达他内心的感激之情?“公感上恩,念无以致报”,赵政本人信奉佛教,“求其超凡冥悟,克遵其教,以自省其心”,他选择了修建寺宇这样一个特别的方式来报答皇恩。于是,赵政等太监在京师阜成门外八里庄选址,集资兴建了摩诃庵,并任寺僧圆江为住持,在寺中日夜焚香,仰祝嘉靖皇帝万寿无疆。摩诃庵铜钟铭文“皇图永固”“帝道遐昌”“圣日增辉”“法轮常转”亦体现了赵政等人以佛教信徒的方式来祷祝皇帝长寿,江山永固的愿望,表达了他们对于朝廷的赤胆忠心。正如孙承恩在碑记里所言:“夫帝德深厚,难以名言,为臣子祝愿之辞莫过于万寿无疆一语。公于庵之建也,实致重于是,斯忠爱之深也。”

赵政等人修建摩诃庵的另一目的则在于“为其祖宗奉延香火”。太监虽然侍奉在皇帝身边,甚至其中许多人担任要职,权势显赫,但他们毕竟是没有子嗣的人,在“不孝有三,无后为大”的封建时代,他们心中始终存有一份难以言说的遗憾。为了弥补这个遗憾,赵政等宫中太监在修建摩诃庵的同时,在后院给自己预留了墓地。赵政还在摩诃庵的东侧兴建了一座“大乘庵”,作为安葬赵家先人的祖茔(现已无存)。他们寄希望于佛寺延续不断的香火象征他们家族世代相延不熄的香火。

简言之,摩诃庵的修建表达了赵政等宫中太监的两个期许:一个是“忠”,一个是“孝”。

但据史料记载,赵政毕生虽受正德、嘉靖两帝赏识信任,但也遭到两次贬谪。正德十六年(1521 年),朱厚照去世,他被派去为北京的正德皇帝之康陵守陵。嘉靖三十年(1551 年),他又被派到金陵去守孝陵,一去就是 5 年,最后于嘉靖三十五年(1556 年)在南京去世,终年 63 岁。嘉靖三十六年(1557 年),赵政归葬于摩诃庵后院墓地中。

摩诃庵于明嘉靖二十五年(1546 年)正月十三日开工,至嘉靖二十六年(1547 年)九月四日建成,耗时仅一年多,其工程进度可以说是相当快的。它虽然地处京城西郊,但名动京城,声誉远扬,所以在许多的古籍史料中都对它作了记载。

三、埋骨何人

习惯了群居生活、习惯了侍奉别人也习惯了被别人侍奉的赵政,在此后的百年岁月里,断然不会孤零零地躺在摩诃庵的地下。除了他,这里还埋葬了谁?

摩诃庵钟楼的古钟

要回答这个问题,我们又不得不先聊聊一口大钟。

根据调查,北京地区现存的 20 多件铜钟都由太监出资铸造。譬如,明正统年间王振等 1100 多名太监共同出资铸造的法海寺铜钟、明成化年间御用监太监刘恒等捐资铸造的证果寺铜钟、明正德年间御马监太监谷大用捐资铸造的玄福宫铜钟、明天启司礼监掌印太监王体乾出资铸造的红螺寺铜钟以及目前收藏于加拿大安大略皇家博物馆的由明朝正德年间太监韦霦铸造的弘善寺铜钟等,摩诃庵铜钟也是其中之一。该钟高 156cm,口径 95cm,重 600kg。现藏于北京大钟寺古钟博物馆。

事实上,钟为佛寺法器由来已久,佛寺铸

钟自佛教于东汉传入中国之后便逐渐兴起，在宗教场所充当法器、报时器、聚众的信号工具。按照佛教教义，钟是帮助修行的宝物，《增一阿含经》云："若打钟时，愿一切恶道诸苦并皆停止，若闻钟声，兼说偈赞，得除五百亿劫生死重罪，降伏魔力，怨除结尽无余。"《百丈清规·法器章》中说："闻钟声，烦恼轻，智慧长，菩提增，离地狱，出火坑。"钟之所以是佛寺中不可或缺的重要器物，一方面在于佛经赋予它神圣的法器功能；另一方面还在于其坚固耐用的特性适合于铭记功德，这也正是我们在许多佛寺钟上看到众多人名的原因。赵政等太监出资合力铸造铜钟，在铜钟上铭铸佛经、祝颂语以及他们的姓名，表达了他们弘扬佛法、效忠皇帝、延续香火、名传后世的多种发愿。

根据李文成的叙述，摩诃庵钟楼上的大钟浇铸质量很高。20 世纪 80 年代，大钟寺成立了古钟博物馆，大钟被该馆的工作人员征集，现存于大钟寺古钟博物馆展览。摩诃庵地上文物只有此钟能说明庵内墓葬群各宝顶的来龙去脉。大钟上除铸有《金刚经》外，还刻有发起铸钟人的官名和姓氏。

1. 惜薪司掌印太监赵政同名下。

2. 御马监右少监魏伸。

3. 内官监太监李鑑。

4. 右太监李芳。

5. 御马监左监丞郑发。

6. 尚膳监太监曾亮。

7. 惜薪司司正薛凤，发心铸造铜钟一只，摩诃庵永远供奉。

大明嘉靖丙午仲秋吉日造。

根据钟上铸造的文字记录，可以证明是这些人出资兴建了摩诃庵，也可以证明墓葬群内的 7 个宝顶、7 棵白皮松就是这 7 个人的坟墓。每个坟墓上栽有白皮松一棵，其寓意为"青松压顶，显赫万年"。

李文成老人记得,7 个宝顶中,中间的是赵政墓。

整座墓地的建筑布局是,上为神堂,下为地藏,其规模宏伟,庄严肃穆。在墓地正中原长有 5 棵高大的白皮松,后来,这 5 棵高大的白皮松仅余下一棵,最后,这棵白皮松也被锯倒。据说,这棵大松树倒下时,因树干粗大,树身沉重,倒地后树干都摔碎了。

摩诃庵古钟局部

20 世纪 60 年代末 70 年代初,八里庄小学老师响应政府号召,在后院墓葬群挖防空洞,墓葬群由此被挖掘,并意外地挖到了赵政的墓道,发现时墓道上面覆盖着厚长的青石条。

据李文成后来描述,当时挖掘过程中突然发现了一口棺木和墓志铭。打开棺木时锦衣包裹着的尸体已经腐烂,根据墓志铭判断出墓主人是明朝御马监太监魏伸。再向北挖又发现石灰、木炭、黄土。方圆有 50 平方米,挖到石灰、木炭、黄土共 13 层时又发现汉白玉雕瓦垅,再向下挖,地宫石门才出现,门檐下额是凹形镌刻文字“钦命提督五军三千营军务司设监太监赵公寿藏”,落款为“大明嘉靖孟秋吉日”。

另有资料记载,赵政的墓穴不大,约有 10 平方米,皆用上等汉白玉垒砌。打开石门后,墓室中间平放着一整块雕花石床,石床前摆放的供具均都呈倾斜状,棺木帮盖也都倒向石床下西侧。经查,墓室并无盗掘痕迹,疑为地震所致。棺底和尸体仍在石床上,走近细看,棺内金光耀眼,令人吃惊的是赵政的尸体居然皮肉尚存,五官可辨,无腐烂处,棺中赵政身穿的紫罗袍、真丝锦被和玉带也完好无损。

李文成还透露了一个细节。当时曾有人用手掀开赵政的嘴唇,看看是否有辟腐珍珠,发现赵政唇部尚有弹性。墓室打开 3 天后,赵政尸体风化,未腐朽的棺木则运到地上,还用它制作了讲台桌 20 余张。

墓室西北角有一小龛,龛里放有毛笔一支已腐,纯金印水壶一件完好无损,蓝白花小茶壶一件已打碎。墓室中还发现了赵政的墓志铭,上面赫然写道:……公享年六十三,墓在香山乡八里庄之原,葬以丁巳四月初二日。名曰:于惟赵公,克著令德。其言温温,其仪抑抑。遭际两朝,日侍乾清。玉带蟒袍,烨其显荣。日有殊恩,天子赐字。奎翰宸章,光昭百世。生营菟裘,殁葬且贵。我刻铭辞,九泉式慰。

值得一提的是,赵政墓室里另有古墨一块,引起了郭沫若极大的兴趣。郭老直言:"出土明朝这样完整的古墨至今还是第一块,应妥为保管。"

以上这些出土文物后来均由北京市文物工作队运走,保存于文物研究所。

四、游览胜地

摩诃庵的建筑规模虽然不大,但在明清两朝一度盛名在外,经久未衰。

史料记载,摩诃庵是明清两代文人墨客游春,观赏杏花、桃花、丁香花、红芍药的好地方。清代著名诗人王士祯曾作诗:"西院枕回溪,青山满高阁。祇园天气佳,台砌余红药。"

明万历年间,这里风景宜人。庵中花繁树茂,不失其园林风味。在院中,种植着许多苍松翠柏,杏树千余棵,"杏子肥时,累累压墙外"。院中还种有芍药、牡丹、桃花、丁香、海棠、蜡梅、夹竹桃和翠竹。碗口粗的爬山虎攀满了虎皮石墙,"柳花、榆钱、松子飞落时,满庭院。"(《帝京景物略》)可见,当年此庵中花草和树木繁多。

每当春季到来,庵中杏花满树,春意盎然。牡丹、芍药竞相吐艳之时,繁花似锦,春色满园,引得京城许多达官贵人、文人墨客和佛门弟子,竞相前来焚香、赏花,吟诗作赋,使庵内一时热闹非凡。

明代万历年间,摩诃庵中住有两位名僧。“诗僧非幻,琴僧无弦,与客耦俱。万历中,宇内无事,士大夫朝参公座,优旷阔疎,为与非幻吟,为听无弦琴。浃日浃辰,盖不胜记,留诗庵中,久久成帙焉。”(《帝京景物略》)

由于摩诃庵得到京城达官贵人的赏识和扶持,所以庵内常年香火旺盛,还引起了附近寺院的妒忌。

时光到了清代。清初名臣王崇简(卒谥“文贞”)及其子王熙(卒谥“文靖”),在青少年时期,均住在这里隐读。父子二人功成名就后,每年都要偕同亲朋好友,到此寻旧一两次。在院中吟诗作画并对后代讲述当年的寒窗之苦。王崇简曾在寒冬之夜被冻醒之后,作诗一首记述当时的苦读生活。

疎林残叶怯寒风,僻院回廊曲径通。
人静闲阶鹤梦稳,小窗深处一灯红。

文贞公和文靖公去世后,文靖公的儿子经常来到这里追念往昔,后来他见到院中庭舍日渐颓旧,便出资将西跨院修缮一新,并在走廊的东墙壁上嵌石镌字,来记述此事。现在这两座房舍尚存,碑记还在,1985 年碑记被海淀区文管所运走进行妥善保存。

除了文贞公父子,清代初年的著名文人,如王渔洋、高江村等,也常常携带美酒来到摩诃庵中,在庵内饮酒吟诗,流连忘返。在摩诃庵前的街上,开有酒店,专卖产自良乡的好酒。清人震钧在《天咫偶闻》中写道:“自国初,诸老时往看花而名著。故渔洋、初白皆有《摩诃庵诗》。其地有酒肆,良乡酒为京师冠。大凡往者,皆与红友论交耳。然寒风乍紧,微霰出零,策蹇行吟。黄娇半酣,紫丝徐引。望都门而竞入,望塔影而犹眄。此种风味,亦自不恶,正可与汉代新丰竞爽。”

更有名望的清代著名书画家郑板桥与状元曹鸿勋也曾来到摩诃庵。郑板桥为庵中画了一幅墨竹,而曹鸿勋则为庵里书写了对联。李文成老人讲,新中国成立后,他看到过正一和尚屋里挂着的郑板桥画的竹子和曹鸿勋书写的对联,落款都有“作于摩诃庵”的字样。正一和尚还告诉他,曹鸿勋是山东潍县人,郑板桥当过潍县县令。但不幸的是,这些名人字画与庵内保存的诗集,均在“文革”的浩劫中化为灰烬。

清代时,八里庄是京城通往妙峰山进香的必经之路,在摩诃庵中设有茶棚。据说,清末时慈禧太后在每年的四月初到妙峰山上香时,出了阜成门后,八里一歇,这里又成了歇脚的“准行宫”。

摩诃庵的北面,原有一大片果园,后来在这里逐渐建起了许多平房。1912年以后,由于这里靠近玲珑塔,所以便称这里为“玲珑巷”。在1932年颁布的《北平市自治区坊所属街巷村里名称录》中,正式称这里为“玲珑巷”。

摩诃庵旁多了个玲珑巷,读起来,那是既俊俏又富有诗意的名字。

五、风水逸闻

自打摩诃庵建成,谁不知道京西有个好去处?盛名在外的摩诃庵,哪个角落没有传说?

前文提到,摩诃庵四周为一圈虎皮石墙,围墙的四角各建有一座三层楼,楼台为虎皮石砌成,拔地而起,颇为壮观。这种建筑形式在全国寺院中也不多见。登上西北角上的角楼,凭栏纵目,气象万千,苍翠爽秀之色,令人心境悠远。

但在明代天启年间,摩诃庵中的角楼却遭受了一场广为人知的大劫。“天启中,魏珰过庵下,偶指楼曰:去之。即日毁,自是,人相戒不过,渐逃死,庵则渐废。”(《帝京景物略》)

魏忠贤(1568—1627年),明朝宦官,河间肃宁(今河北)人。原是河间肃宁无赖,万历时,因赌博输光钱财而自阉,改名李进忠入宫。明光宗泰昌元年(1620年)朱由校继位,他开始平步青云,天启皇上任他为司礼监秉笔太监,恢复魏姓,被赐名忠贤。天启三年(1623年)12月,魏忠贤受命提督东厂,他因善于钻营，深得天启皇帝朱由校的宠爱。他骄横跋扈，一手遮天。他得势后，勾结朱由校的乳母客氏专断朝政，拉开了中国历史上最黑暗的宦官专权的序幕。天启五年(1625 年)兴大狱，酷刑囚杀东林党人杨涟、左光斗等朝臣及名将熊廷弼。他还命阉党顾秉谦等修《三朝要典》，尽翻“梃击”“红丸”“移宫”三案。他自称“九千岁”，排斥异己，专断国政，自内阁六部至地方督抚遍植私党，专擅威福，一批无耻之徒都先后依附于他，其中有“五虎”“五彪”“十狗”“十孩儿”“四十孙”等大小爪牙。更有人耗费民财数千万，为他修建生祠，以至于民间“只知有忠贤，而不知有皇上”。

天启七年(1627 年)崇祯帝朱由检继位后，打击惩治阉党，治魏忠贤十大罪，命逮捕法办，并对其同党定为“逆案”。将他罢职安置安徽凤阳，接着又命人将其逮捕治罪，魏忠贤自知死罪难逃，在途中自缢身亡。在《明史》中有《宦官魏忠贤传》。

摩诃庵东北角的碉楼

据说，有一天魏忠贤去往慈寿寺时经过摩诃庵，看到庵中四隅楼台高耸，顿时蹙眉不悦，命人通知庵内僧人，急速毁之。从上面俯瞰摩诃庵，四周角楼形如龟脚，庵内建筑如龟身，山门如龟头，整体看貌似一个龟形。魏忠贤硬说此庵形状如神龟，风水好，以后此地将要出大官。实际上魏忠贤是出于迷信，他生怕摩诃庵里要出帝王宰相，与他争雄，故引起他的嫉妒之心，决定破其“龟寿千年”的风水。当天夜里，摩诃庵里的僧人便将西南角上的角楼拆掉，以示砍掉乌龟的一只脚，令其不能前行；又将山门的青石门槛砸断，表示断了龟的头；还将山门内的幡旗杆锯掉一根，以示剜掉了龟的眼睛。经过这么一番折腾，摩诃庵这只“神龟”彻底瘫痪了。

当时，庵中的石雕赑屃也都被砍下了头，再用铁锔子锔上。庵中的千株杏树也被砍伐殆尽，一株也没有留下，从此，摩诃庵中“杏林看花”这一景观彻底消失了，其美景也只能留在前人们的记忆之中。

在这次劫难之后，京城的达官贵人和文人墨客生怕遭到不测，为免受牵连，从此不敢登门。寺僧更是忧心忡忡，吉凶难卜，都纷纷逃走了。从此至明末，摩诃庵日趋走向衰落。现在，如果你来到摩诃庵的山门前，还可以看到青石条门槛果真断为三截。

清代乾隆年间，参加撰写《日下旧闻考》一书的官员在考察摩诃庵后有记述：“摩诃庵石楼，东南北三面尚存，独缺其西一面。庵僧云即魏忠贤所毁也。”

如今，摩诃庵中的角楼基座还在，只是西南的角楼矮了一截。有人问：从外面看四个角楼的基座都是虎皮石砌的，如何能上楼呢？告诉你，在摩诃庵院内每个楼座都有一个小门，从这儿上楼即可。

六、集篆经文

有人说，摩诃庵的存世价值有三：一是探究明太监赵政历史的实物资料；二是大雄宝殿内有不可多得的明代壁画；三是金刚殿内壁镶嵌集篆32体金刚经石刻，是研究佛教经典及书法艺术的宝贵文物，从中可以欣赏到我国古代篆体书法之丰富多彩和无穷的艺术魅力，更可从中体会中华民族传统文化的伟大和广博。《金刚经》是佛经中影响非常广泛的经书，内容通俗易懂。

摩诃庵东跨院金刚殿内的墙壁上，镶嵌着60块镌刻有《集篆三十二体金刚经》汉白玉经石。明朝万历戊午、己未之际（1618—1619年），翰林陈万言等人聘请名人高手精心镌刻60块汉白玉集篆经石，镶嵌在殿内墙壁上。每方经石长90厘米、宽35厘米，其中，北墙上镶嵌10方，东墙上镶嵌25方，西墙上镶嵌25方。另外,在金刚殿的西南廊下墙上,还镶嵌着与经石大小相同的跋文一方,为陈万言请清初大臣王崇简所撰,也就是说,金刚殿墙上共镶嵌经石61方。

摩诃庵内金刚殿

每一章为一体,每体标以分书,附以释文。据陈万言及清代王崇简考证:集篆最初为五代高僧梦英所集,原为18体,后被宋代僧人道肯扩为32体。明万历年间,被黄梅人汪中丞所得,初刻于木板,后经陈万言请名家书写摹刻于汉白玉石之上。

1934年左右,摩诃庵中的金刚殿已经大部分毁坏,亟待重修。时任北平市长的袁良对摩诃庵进行重修,并责成当地的管理机关对《集篆三十二体金刚经》加以保护,不致遗失,30多年后,李文成老人也为保护这61方石刻立了大功,并在20世纪80年代,让这些石刻重见天日。李文成于1983年2月被聘为摩诃庵的文物保管员。

现金刚殿中《集篆三十二体金刚经》刻石，被玻璃罩保护起来

摩诃庵《集篆三十二体金刚经》石刻

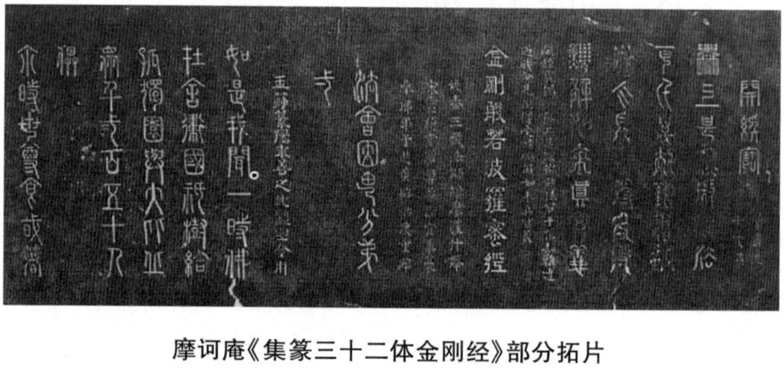

摩诃庵《集篆三十二体金刚经》部分拓片

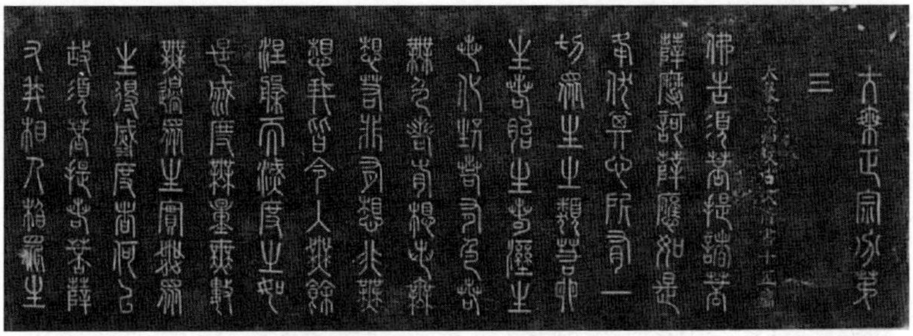

摩诃庵《集篆三十二体金刚经》部分拓片

七、就地建学

民国时期的摩诃庵仍有部分原始建筑存在,但院中杏树已经无处可寻,院后太监墓地出现了断碑卧地的景象。

1928 年,北平市特别市政府对全市的寺庙进行了登记,在《1928 年北平特别市寺庙登记》中记录着摩诃庵当时的情况:“摩诃庵坐落平西八里庄街内路北六号第一分属第七段,建于明嘉靖二十七年,属私建。本庙面积十六亩三分,房屋六十一间,附属土地二十五亩,房屋四十间。管理及使用状况为自行管理。庙内法物有木质胎佛像四十四位,铜质胎佛像大小十三位,铜钟两口,小铁炉一个,铁磬三口,木鼓两面,明朝李娘娘影像一轴,铜点一面,铜香炉、烛扦、花瓶共五件,锡供五件,铜孔雀一个,铜磬一口,瓷香炉、烛扦、花瓶共五件,铁香炉大小三个,金漆床一架,石刊金刚经一部。另有大松树十九棵,小松树石棵,剑石三块。”

1937 年 9 月 28 日,由当时的北平市政府出面将摩诃庵的方丈院、藏经楼、墓院和东跨院拨出,成立了北京西郊第一所公立学校——八里庄小学,校门开在东跨院。小学校一直延续到新中国成立后,就是现在的海淀区八里庄小学。现在摩诃庵是全国重点文物保护单位。

1936 年,北平市政府对全市的寺庙进行了一次总登记,在《1936 年第一次寺庙总登记》中,也记录了摩诃庵的情况:“摩诃庵(寺庙),坐落西郊八里庄六号,建于明嘉靖二十五年,属私建。不动产土地五十八亩八分二,房屋九十八间,山门三间。管理及使用状况为自行管理,所收入除供佛修补殿宇及僧人生活,余则办慈善事。庙内法物有佛像三十一尊,礼器二十七件,法器三十四件,经典六十一部,雕刻九件,其他一件,供桌八张。另,庙内有松柏树二十九株,庙外松柏树五十八株,水井两眼。”

新中国成立后,从 1957 年开始,整座摩诃庵全归八里庄小学使用,并将学校的正门改在了摩诃庵山门处,由山门进入。并将校名改为海淀区第六中心小学。1958 年 4 月 29 日,北京市文化局调查研究组正式同意八里庄小学使用摩诃庵,后将校名改为“八里庄中心小学”。

摩诃庵现为北京市海淀区八里庄小学保护使用

至此,摩诃庵的故事暂时定格,所有属于摩诃庵的人物与文物都有了归处。

也许,今天的人们对生活在幽暗地宫的赵政感到陌生,因为在名臣辈出的嘉靖朝,历史留给了那些明艳又杰出的脸孔太多的画面与空间。好在历史留给了这个也曾权倾朝野的太监 30 亩庙地,让他的脸也能停留在时空里,超过 475 年。

赵政自己一定不曾想到,他为忠、为孝而建的摩诃庵,在历史的滔滔洪流中会留下这么多与忠、与孝都无关的故事,创造出这么多与忠、与孝都无关的价值,且至今仍在为新时代的教育事业默默贡献着自己的余温。

这位兢兢业业了一生的明朝大太监,倘若泉下有知,该瞑目了才好。

左二为李文成老师,接受采访后合影

第四章

为皇家祈福:慈寿寺

万历皇帝的母亲李太后为皇家祈福建造了慈寿寺,寺内建造佛塔称为永安万寿塔。后来人们根据塔所在的位置,将其称之为“八里庄塔”。

黄昏中拿着收音机遛弯儿的大爷听着传统的西河大鼓,“玲珑塔,塔玲珑,玲珑宝塔第一层……”,嘹亮的声音在车水马龙中显得古朴而又有生命力;公园中呼朋引伴、准备盛装起舞的阿姨,谈笑间眉眼流露出对生活的热爱;下班从地铁站匆匆走出,结束了一天的工作,满怀期待奔向家的白领;游客拿着相机兴奋地拍照,将关于北京、关于八里庄的美好记忆保存留念。

人们相遇在玲珑塔下,流连在玲珑公园中,感受着历史与现代的碰撞融合。有着“京师群塔之冠”的玲珑塔,经历着数百年风雨,默默地矗立在八里庄这片有温度的土壤上,活在人们的口耳相传中。

玲珑塔坐落在北京市海淀区八里庄慈寿寺内,因它坐落在寺中,故又被称为慈寿寺塔。其实它有很多名字,万历皇帝的母亲李太后为皇家祈福建造了慈寿寺,寺内建造佛塔称为永安万寿塔。后来人们根据塔所在的位置,也将其称之为“八里庄塔”。而居住在附近的人,则根据塔身挺拔、玲珑俊秀的特点,将它称为“玲珑塔”。

张居正在《敕建慈寿寺碑文》中描写过慈寿寺的建筑规模:“外为山门,天王殿,左右列钟鼓楼,内为永安万寿塔,中为延寿宝殿,后为宁安阁,旁为伽蓝、祖师、大士、地藏四殿,缭以画廊百楹,禅室、方丈十有三所,又赐园一区,庄田三十顷,安食其众,以老僧觉淳主之,中官王臣等典管领焉。”寥寥数语,慈寿寺的宏伟景象已经跃然纸上。

慈寿寺的布局基本上是依照佛寺“伽蓝七堂制”建造而成,寺院建筑坐北朝南,由南至北共分为五层。

第一层:山门。山门内塑有两尊护法金刚力士。左为密迹金刚,右为散脂大将,中国民间将他们俗称为哼哈二将。

第二层:天王殿。在殿中供奉着东方持国、南方增长、西方广目和北方多闻四大天王。殿前左方、右方,建有钟楼和鼓楼,其钟楼在左,鼓楼在右,以代表“晨钟暮鼓”。

第三层:永安万寿塔。在塔的前面两侧,各建有一座角亭。在角亭中,供奉有护法神韦陀像和龙王像。在塔的后面两侧,各建一座角亭。在左边的角亭中,立有一通石碑,正面线雕一幅紫竹观音像,碑阴镌刻《瑞莲赋》;右边的角亭中,在石碑的正面,线雕一幅鱼篮观音像,背后雕刻一幅关公像。这两通石碑均为明代万历年间竖立。

第四层:大雄宝殿。在大雄宝殿内的正中供奉有横三世佛像,即中间的释迦牟尼佛,左边是东方琉璃世界教主药师佛;右边是西方极乐世界教主阿弥陀佛。在释迦牟尼佛的两侧,是阿难、迦叶两尊胁侍佛。在大雄宝殿内的两侧,供奉着十八罗汉像。

大雄宝殿内供奉的横三世佛像、阿难、迦叶像及十八罗汉像,均为铜铸而成的。

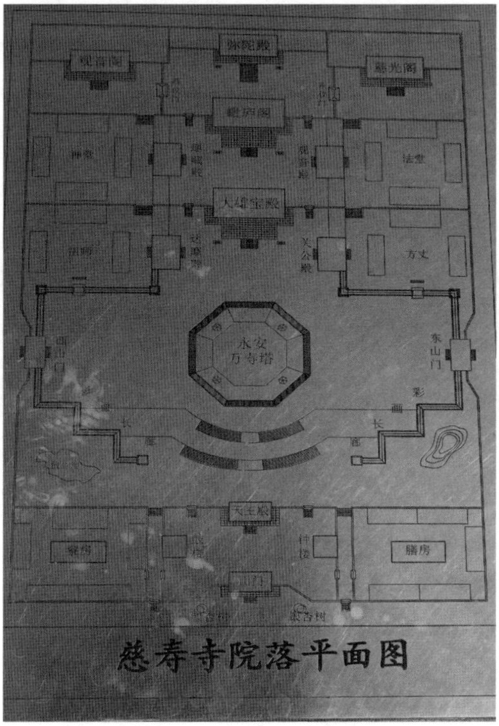

慈寿寺院落平面图

在大雄宝殿的前面,东西各竖有一通石碑。在这两通石碑上,是镌刻着明代大学士张居正撰写的《敕建慈寿寺碑文》及另外一篇碑文。

在大雄宝殿的两侧,各建有一座配殿。在东面的配殿中,供奉着关公像;西面的配殿中,供奉着中国禅宗的创始人达摩。

第五层:毗卢阁。毗卢阁分为上下两层,上一层是毗卢阁,阁中供奉华严宗五方佛的主尊毗卢遮那佛,亦称为“大日如来”,下边是观音阁,阁内供奉着观音菩萨像。

在毗卢阁前面的两侧,建有两座配殿,东侧的配殿是观音殿,里面供奉着观音菩萨;西侧的配殿为地藏殿,里面供奉着地藏菩萨。

在永安万寿塔的正南面100余米处,长有两株巨大的银杏树。这两株银杏树栽种于慈寿寺兴建之时,至今已有430多年了,依然枝繁叶茂充满生机

在慈寿寺的东西两边,建有百间绘有各种题材彩画的长廊。

在弥陀殿、慈光阁、观音阁的前面分别建有一座门,中间的叫中仪门,东边的是东仪门,西面的是西仪门,每座门分别通往一座殿或阁。

毗卢阁的第一层分为三部分,中间是弥陀殿,里面供奉着西天极乐世界教主阿弥陀佛。东侧是慈光阁,里面悬挂着九莲菩萨(慈圣宣文李太后)的画像;西侧为观音阁,里面供奉着铜铸的九莲菩萨像。

在永安万寿塔的正南面100余米处,长有两株巨大的银杏树。这两株银杏树栽种于慈寿寺兴建之时,到现在已经有430多年了,依然枝繁叶茂充满生机。根据这两株银杏树栽种的位置看,它们属于慈寿寺的范围,在慈寿寺山门的前面,铺有一条长长的甬道,在甬道的进口处,左右各栽有一株银杏树,现在甬道早已不存,但这两株银杏树却留存了下来。地方百姓风趣地将两棵银杏树称为慈寿寺外的烛台,到现在仍健在。

慈寿寺前的影壁,依照明代皇家建筑规制,与现存的阜成门内历代帝王庙前的影壁相似

在银杏树的北面,原建有一处影壁,据原玉渊潭乡的老住户回忆,此影壁东西长50余米,高10米,分为三层:最上层是瓦,中间影壁墙,下面是影壁墙的基座,现已被毁。

可惜今天我们无缘见到慈寿寺的盛景。据传说,慈寿寺在清代光绪年间毁于一场大火,这座辉煌一时的皇家寺院火灾之后,只剩下永安万寿塔孑然而立，所以，现在许多人只知道此地有座塔，而不知在塔的周围原来还建有一座著名的佛教寺院。

昆玉河畔的“京师群塔之冠”

历史悠久的北京古都，不同时期都建有风格各异的古塔，虽然历经岁月洗礼，至今我们仍能看见楼阁式、亭阁式、密檐式、花式、覆钵式、经幢式等各种形制的古塔。在众多历史悠久的古塔中，位于北京市海淀区八里庄昆玉河西岸山坡上的慈寿寺塔，被称为元、明、清三代“京师群塔之冠”。对慈寿寺塔的建造特点、历史文化了解得越多，越觉得“群塔之冠”的称谓实至名归。

历数现在被列入北京市重点文物保护单位的诸多古塔之中，镇岗塔在丰台，塔身不高，很少有人知道；燃灯塔在通州，高 50 余米；良乡塔在房山，高 44.5 米。这三座宝塔，都离城区较远，影响也比较小，也不是很有名。而慈寿寺塔挺拔秀丽，影响广大，就其塔高与体量而言，是北京现存古塔中首屈一指的。

北京的古塔，根据形状、构造等特点进行划分，主要有覆钵式、金刚宝座式和密檐式三种。从慈寿寺塔的形制来说，它上承天宁寺塔，并且进一步发展，将密檐式砖塔的发展推到顶峰。

覆钵式塔的特点是塔身体量大，但是一般高度上会有限制。位于北京市西城区阜成门内大街路北的妙应寺白塔就是覆钵式塔，闻名于世，高仅 50.9 米。金刚宝座塔的特点是塔座体量大，但塔身也一般不会太高，位于北京市海淀区西直门外白石桥以东的明代真觉寺金刚宝座塔是金刚宝座塔形制的代表作。

密檐式实心砖塔的特点是塔基高大，塔身很高，直指苍穹。密檐式塔高耸入云，恢宏雄伟，符合了慈圣皇太后的身份、地位与性格。在现有的密檐式塔中，慈寿寺塔的形制，为密檐式八角形十三级实心砖塔，是明代密檐式塔建筑艺术的典范，尽管年代远低于辽代的天宁寺塔，但形似天宁寺，堪称姊妹塔，是中国佛塔史上的里程碑性作品。

慈寿寺塔由塔基、塔身、塔刹三部门组成,涉及的题材和内容十分广泛,有寓意深远的佛教故事,有身躯威武让人忘而生畏的佛像,也有品种繁多的鸟兽花卉等雕刻,其工艺精致、栩栩如生,反映出明代的砖雕水平之高超。慈寿寺塔除了古塔建筑上的研究价值,还具有重要的文物、历史和文化价值。

单就慈寿寺塔北的两块石碑而言,这两块万历年间的石碑左侧为紫竹观音像,右侧为鱼篮观音像和关帝像,鱼篮观音取材于佛经《感应传》及《法华持验》。据20世纪80年代全国文物普查统计,玲珑塔旁所存的一幅《鱼篮观音图》是全国仅存的两幅之一,十分珍贵。塔旁的两块石碑尚且具有如此高的文物价值,整个慈寿寺塔的文物研究价值可见一斑。

慈寿寺塔作为万历初年经济、政治斗争等诸多因素的产物,为我们了解明代的宫廷史、北京史,提供了非常宝贵的实物证据,具有珍贵的历史价值。反观慈寿寺塔的兴建过程,也能看见万历年间皇权斗争、政治角逐的刀光剑影。

历史上万历皇帝的生母慈圣李太后出身低微,面临着万历皇帝即位后的复杂局面,迫切需要提升自身的政治地位,于是她宣称自己是九莲菩萨转世,兴建佛刹以提高自己的权威。李太后辅佐幼年的万历皇帝处理朝政、重用张居正为内阁首辅等举动都对明朝的政治走向产生了举足轻重的影响。万历初期,政治稳定,经济繁荣,这也为建造慈寿寺塔提供了经济基础和政治基础。

作为一座佛教寺院,慈寿寺广泛体现了佛教的元素与宗教文化,为我们现今研究明代佛教提供了珍贵的实物证据。李太后一方面十分信仰佛教,另一方面又尽可能地为自己的权力披上神授的外衣,她不仅神化自己在民间的形象,还将自己背诵出来的《九莲经》,收入佛教《大藏经》中。在慈寿寺塔的修建过程中,体现着丰富的佛教元素。比如,全塔佛龛分层供奉312尊铜佛,在两年多内铸造而成,造型各异,工艺精细。慈寿寺塔上的图案、浮雕也都和佛教有关。比如,佛教的吉祥八宝,也有菩萨、金刚等广为人知的佛教形象。

从明、清至今400多年的时间,几经风雨变幻,慈寿寺塔一直是阜外地区重要的文化景观。无数骚人墨客在这里留下了诗篇,毫不吝啬对慈寿寺塔美景的赞美。明代学者卓明卿诗云:“梵刹凌霄汉,幡幢拥碧莲。法王开宝地,慈后布金年。画壁光常寂,神灯影倒悬。臣民瞻大士,圣寿与绵延。”清代高士奇写道:“青郊路转见芳菲,日暖园林燕子飞。别圃乍经山杏落,僧厨新煮药苗肥。繁花舞蝶迎人面,细草轻烟上客衣。更向层台高处望,千峰螺黛送春晖。”灰色高塔与蓝天白云相映衬,宗教和人文的气氛互相交织,建筑的美感和自然的魅力融合在一起,给人带来精神上的震撼与享受。

万历与母亲

一个女人,从奴婢到做上皇太后,这听起来似乎是天方夜谭,但在明朝,有一个女人不仅做到了,还做得十分成功,她就是万历皇帝的母亲李凤仙。

明代孝定皇后李氏(1546—1614 年),万历皇帝之母

据《冀城县志·人物篇》记载:“孝定李太后,名李凤仙,明穆宗妃,神宗生母,生于今唐兴镇西关村宣庄,后途漷县(今北京通州漷县)。穆宗裕邸时,选为才人,后为贵妃。万历元年(1573 年),神宗皇帝称慈圣皇太后。”

史料用寥寥数语概括了慈圣皇太后的一生,但只有去历史中深入挖掘,才能体会到她人生经历的传奇之处。李太后出生于明嘉靖二十四年(1545 年),祖籍山西翼城(今临汾市)兴贤坊(今西关宣庄),后迁徙到北京顺天府漷县永乐店里(现为通州永乐店)。据说李太后的父母一家居住在永乐店的一条胡同里,母亲在闻有奇香后生下了她,后人便将这条胡同改名为香儿胡同。

李氏家境比较清贫,为了生计,便将幼年的李太后卖到通州一姓陈的大户人家做使女。李太后小时候聪明伶俐,性情活泼,和陈家姑娘相处得很好。后来,陈家姑娘被召进宫,李氏也随之进宫做了宫女。她被分配到裕王府里侍奉嘉靖皇帝的第三子朱载垕,后来,被皇子朱载垕看中得到临幸,于嘉靖四十二年(1563 年)十八岁时生下了儿子朱翊钧,李氏母以子贵,被选为嫔妃。

隆庆皇帝朱载垕在位 6 年后驾崩,死时年仅 36 岁。按明朝惯例皇帝驾崩后,应由皇后之子继承帝位,但是隆庆皇帝的皇后陈氏,一直体弱多病而没有孩子。因此隆庆皇帝驾崩后,就由李贵妃之子朱翊钧继承了帝位即万历皇帝。当时万历皇帝只有 9 岁,以致扶助皇帝处理国家政务,管理后宫事务的重任,就这样落在了李太后身上。

隆庆皇帝驾崩后,新皇帝朱翊钧登上帝位,按照旧制新帝登基后要给先帝后妃上尊号。明朝规定,天子立,尊先帝的皇后为皇太后,若有生母,而生母不是先帝的皇后,则天子的生母也称太后,只是在太后前加徽号以示区别。当时李贵妃在宫中很有势力,司礼监大太监冯保为了讨好李贵妃,就与重臣张居正私下商议,尊先帝的陈皇后为仁圣皇太后,尊李贵妃为慈圣皇太后,这样两宫太后就没有分别了。

自万历朝开始,先帝的皇后和新帝的生母在尊号上就不再加徽号相区别了。冯保还与张居正商议,安排仁圣皇太后居慈庆宫,慈圣皇太后居慈宁宫。

李太后虽然出身贫寒,但她是一个精明强干的女人,具有非凡的政治眼光,不仅将后宫管理得井井有条,万历皇帝刚开始上朝的时候,李太后还垂帘听政,监督万历皇帝对国事的处理。

在教育万历皇帝这方面，李太后绝对称得上是一位严母，之后为了照顾小皇帝的起居，李太后暂时居住进乾清宫，这一住就是 6 年，她对万历皇帝期望极高，十分严格，一旦万历皇帝犯错，李太后便会十分严厉地斥责他。

万历皇帝年幼时，天不亮就便被李太后喊起床读书，听完儒臣讲课还要向李太后复述所学内容。书读不好，小万历便会被罚跪，做错事不但跪，还要自我检讨。每天五更，李太后亲自叫“皇帝起床”，让左右太监生生把他拉起来，挟裹着皇帝洗脸更衣，拉上辇车就上朝，决不懈怠。

万历皇帝 17 岁那年，在一次宴会上喝多了酒，命内侍唱新曲给他听。内侍说不会，他便拔剑要杀内侍。在众臣劝解下，他割去内侍头发后才罢休。第二天，李太后知悉后，准备废掉万历皇位。在大臣再三劝谏之下，太后让万历长跪反省，斥责他的过错。

太后给万历皇帝规定了严格的作息时间，并监督他严格遵守。有一次，万历皇帝因下棋上瘾，超过了规定的休息时间，耽误了读书，李太后就派人将他叫来，并厉声喝令他下跪受罚，直到他承认错误并表示以后绝不再犯时，才算了事。从此以后，万历皇帝再也没有因贪玩而影响学习。

李太后还做了一件非常有政治远见的事情，就是重用大学士首辅张居正。隆庆帝死后，朝政混乱，正是百废待兴之时。李太后慧眼识珠，将张居正提到内阁首辅的位置，无条件地支持张居正改革，大刀阔斧地革除前朝弊病，整顿政治风气，大力发展经济、平定边疆动乱，实现了明朝历史上著名的“万历中兴”。

张居正还担任着万历皇帝的老师一职，平时给万历皇帝讲述为君与治国之道，为他安排周详的课程，选拔具有高素养的大臣主持教学。万历皇帝不仅对张居正委以重任，而且十分尊重，言必称张先生，从不直呼张居正的姓名。

张居正生病时，万历皇帝还曾亲自为他熬药。张居正为了感谢皇帝的知遇之恩，呕心沥血，锐意改革。万历初年经济繁荣、政治稳定、边防巩固局面的形成，张居正功不可没。

张居正画像

但是张居正去世后,万历皇帝开始独掌朝中大权。随着年纪的增长,万历皇帝对功高震主的张居正心中已经日渐不满,于是在张居正死后,万历皇帝开始扼杀新政,同时之前失势的守旧派也开始伺机弹劾张居正。万历十年(1582 年)十二月,万历皇帝为以前因反对张居正改革而丢官的官员复职,不久后又下令夺了曾经封给张居正的官职和谥号,抄没全部家产,贬谪了他的家人。

而此时李太后的心思都在小儿子潞王的婚事上,对此并没有过多在意。从此以后,万历皇帝完全变成了另一个人。昔日的少年天子的气派与风采,已经不复存在。他懒于朝政,生活奢侈,使得朝中风气败坏,朝臣贪污腐败,党争不息,国库急剧空虚,百姓遭难,加快了明朝走向灭亡的速度。

太后与宝塔

慈寿寺的兴建,可以说是李太后一手促成的。李太后虽贵为太后,但是在风云诡谲的朝堂政治斗争中,也常常举步维艰。她出身微寒,父亲李伟是个泥瓦匠(也有说是铁匠),没有强大的母族势力作为支撑。她入宫之后又只是个宫人,地位十分卑微。明穆宗朱载垕病逝后,新登基的万历皇帝才 9 岁,而她虽为皇太后,但还年轻,在当时只有 27 岁。

尽管先天条件不足,李太后本身却是个长于心机,很有谋略的女人。她为了巩固自己的地位和权威,为了让万历皇帝在与阁臣的斗争中获得有利条件,便想出兴建慈寿寺与永安万寿塔的方法,使皇权和神权相结合,宣扬佛教及兴建佛刹来神化自己,以提高自己的政治地位。可以说慈寿寺的兴建与李太后权势的增长是密不可分的。

现在看来,李太后兴建慈寿寺和塔的理由有些“老套”,但十分有效。据史料记载,李太后宣称自己常常梦见九莲菩萨,梦中这位骑着凤凰而来,有九个头的菩萨会向她传授《九莲经》,李太后醒后可以将梦中听到的经文一字不漏复述出来。李太后据此宣称自己是九莲菩萨转世,因此在京中建造慈寿寺和塔,寺中建九莲阁,将自己梦中见到的九莲菩萨形象铸成铜像,供奉在慈寿寺中。

寺中的僧人认为,九莲菩萨给李太后托梦,就是为了告诉她:李太后是九莲菩萨转世。为讨李太后的欢心,于是宫内、宫外都称李太后为“九莲菩萨”。这个故事为慈圣宣文李太后披上了慈慧而神圣的佛教外衣,俨然成为一位神圣不可侵犯的“九莲菩萨”,李太后也就顺理成章地以“九莲菩萨”自居了。

除了神化自己,李太后修建慈寿寺和塔也是为了祈福求寿。一是为了给去世的隆庆帝朱载垕的魂灵祈福,二是为了给万历皇帝朱翊钧祈求子嗣。万历皇帝继位的时候只有9岁,慈寿寺建成的时候,万历皇帝已经虚岁16,到了婚配的年纪,李太后愿他健康成长,早日结婚生子,使皇家人丁兴旺,绵延百世。历史就是巧合,万历皇帝享国最久,达48年。慈寿寺建成之后,万历皇帝为给母亲祈福,将寺庙赐名为“慈寿寺”。

慈寿寺和塔的选址本来挑中了山西五台山的一块风水宝地,但是,由于这块吉壤附近群山起伏,路途遥远,地势险峻,单单运输材料就要耗费很多时间和精力,有可能让兴建佛寺佛塔变得劳民伤财,工期也会变长。李太后便命司礼监太监冯保在京城附近寻找吉壤。

冯保经过一番寻找,终于在京城阜成门外的八里庄,看中了一片山坡。山坡高度不大,并呈南北向绵延数百米,宽敞开阔,在此处建塔,更加凸显塔的挺拔雄伟。这里原来是明朝太监谷大用的墓地,准备修建慈寿寺塔的用地正对着北面的金山口,空气流通非常好,是一块风水宝地。

选址确定后,由于建造慈寿寺和塔需要巨额的资金,曾遭到内阁首辅张居正的反对,张居正一向以勤俭治国著称。但是又感念李太后的知遇之恩,想出了折中的办法,他把宫内一个叫"宝和店"的机构交与李太后的内宫管理,这个机构是皇家的经营机构,赚的钱用来补贴李太后的修佛建寺事业。

事实上,慈寿寺的建设资金主要来源于李太后的自筹资金,李太后带头捐出生活费,并由幼子潞王、公主、宫眷、内侍等进行捐款,来筹集修建慈寿寺和塔的费用。并没有动用国库内的资金,一切费用都是由宫中众人捐助。

建慈寿寺时,李太后使用了当时最好的建筑材料和工匠,并详细地过问寺庙的建造进程,关心始终。工程自万历四年(1576 年)二月开始,初建承恩寺、海会寺,万历三年修东岳庙,万历四年建慈寿寺,万历五年建万寿寺,工程结束于万历六年中秋左右,一共才用了两年半的时间,便将慈寿寺及塔建成。这个建造速度以当时的技术水平来看,是十分迅速的。

据说建寺期间,宫中还出现了一件奇事。在慈圣皇太后住的慈宁宫,有一日忽然有瑞莲盛开,两天后皇宫里也有瑞莲盛开。太后看到,异常惊喜,认为瑞莲盛开代表着祥瑞降临。她记起曾命宦官两次捧观音像到普陀山进香,因为观音乃胎藏界的莲花部主。于是就命阁臣申时行、许国、王锡爵撰写《瑞莲赋》来赞颂这件事,刻着《瑞莲赋》的石碑如今就位于慈寿寺塔的东侧。

倾注了李太后大量心血的慈寿寺和塔到乾隆年进行过整修,但在清光绪年间被一场大火烧毁。寺庙采用木材等易燃材料最怕火灾,慈寿寺内的建筑只有佛塔是砖石的,并且和其他建筑拉开了一定距离,幸而得以保存。

建筑艺术的瑰宝

作为"京师群塔之冠"的慈寿寺塔,耗费了巨大的人力、财力,凝结着无数建造者和设计者的心血。慈寿寺内原有天王殿、鼓楼、钟楼、永安万寿塔、延寿宝殿、宁安阁等一系列建筑,排列整齐、气势宏大、豪华富丽,尽显皇家的尊贵和奢华。明代通判何宇度曾见到慈寿寺宝塔高耸入云的壮丽景色,不禁写诗赞美道:"层塔接遥天,芙蓉次第悬。明君延福地,慈后布金年。"

经历了400多年的风雨洗礼，经历了战乱、灾害的浩劫，如今走近慈寿寺，只能看到位于玲珑公园内的慈寿寺塔（原名永安万寿塔，又名“玲珑宝塔”），慈寿寺塔共十三级，高56.35米，由塔基、塔身、塔刹三部分构成，古色古香，就像一个经历了岁月沉淀、历经沧桑却依然优雅美丽的成熟女性。

慈寿寺塔为密檐式八边十三级实心砖塔，其设计吸收了天宁寺塔、妙应寺塔和真觉寺金刚宝座塔诸塔的优点长处，砖雕精细，内容丰富，是不可多得的艺术精品。

慈寿寺塔由三部分组成，最下面是塔基，塔基的上面坐落着塔身，最顶上是塔刹。

塔基

慈寿寺塔的最下面是一座四方形的高大平台，平台由砖、石砌成。在平台的上面，是三层八角形台，八角形台的上边，是一层石质圭角，在圭角的上面，建有两层八角形须弥座。

在第一层须弥座束腰的每一面上，各开有六个壶门形龛。在中间的四个龛中，各雕有一尊狮首，两边的龛中，各雕有一尊象首，在象首的右侧，雕有一枝盛开的莲花或西番莲。这样的设计，使塔基虽然高大却不显得呆板，形式上丰富了变化但也不会过度奢华。

在中国的传统文化中，狮子一直被看作避灾、镇邪的神兽。狮子的形象在佛教中也是威武、强健的象征，释迦牟尼就被喻为雄狮的化身，代表佛为人中之雄者，就像狮子为百兽之王一样。可惜由于年代久远以及人为地破坏，龛中的狮首和象首均被毁坏，无一幸存。

除了这些明显的雕饰，如果你仔细观察，还可以在龛与龛之间，须弥座的每一面上，看见一些漂亮又吉祥的砖雕图案，这些可不是建筑师心血来潮随意雕刻在塔上的，他们拥有着丰富的佛教内涵。

砖雕上的图案有法轮、法螺、宝伞、宝盖、盘长、双鱼、宝瓶、莲花，这是八件佛教的吉祥宝物。在每件宝物的下面，雕有一个装满金锭、金钱、摩尼宝珠等宝物的聚宝盆。这八个图案可以单独成形,也可组成一个整体图案,这种整体图案在藏语中称“达杰朋苏”,意为吉祥八图宝瓶状。

第二层须弥座的边长尺寸,比第一层须弥座稍小一些,在须弥座的束腰中,每面均开有七个长方形的龛。在南面须弥座束腰中的三个龛中,雕有一组横三世佛像,中间的一幅为佛祖释迦牟尼的坐像,释迦牟尼结跏趺坐在莲花宝座上,双手结禅定印。在释迦牟尼像的两侧,是他的弟子迦叶和阿难的立像。在释迦牟尼像的左侧龛中,是一幅东方净琉璃世界教主药师佛;释迦牟尼像的右侧龛中,是一幅西方极乐世界教主阿弥陀佛的坐像。

在须弥座的转角处,各设有一根上面雕有腾龙祥云的半圆形角柱,在角柱的两侧,各雕有一尊足踏祥云的护法金刚力士像。

在须弥座束腰的下方,雕刻着一层大型的俯莲花瓣,在每个花瓣上雕有吉祥卷草图案。

塔身

目光向上,就能看见三层莲花瓣托起的塔身,塔身第一层高 11.3 米,为密檐塔范式结构。塔身为八角形,南向,东、西、北三面有砖雕拱券式假门,其余四面为券窗,门窗两侧原有木胎泥身金刚力士神像,虽然现在已经残破,但是我们仿佛仍能看见这些金刚身着彩衣、法相庄严、体格健壮高大、双目圆睁,时刻准备着降妖除魔。

在每座拱券式塔门的正上方位置,均镶有一长方形匾额。在正南面的匾额中镌刻着“永安万寿塔”五个楷书大字;西面的匾额为“辉腾日月”;北面的匾额为“真慈洪范”;东面的匾额为“镇静皇图”。

塔身的转角处,各立有一根半圆形角柱,在角柱的上边,塑有张牙舞爪、驾雾腾云的蟠龙,其造型异常生动。

第一层楼阁式塔身之上,是十三层密檐。每层塔檐下面的拱眼壁中,在塔身的每一面上,共开有三个佛龛,并在每个佛龛中,供奉一尊铜铸的坐式佛像。在整座塔身上,总计供奉有铜佛像 312 尊。

慈寿寺塔塔基的第二层53个龛中,以高浮雕的手法雕刻有许多佛教人物形象,内容为“善财童子五十三参”的佛经展开,并以顺时针的方向,以连环画的形式围绕塔座一周

在慈寿寺塔塔身的南西北东的正面,中间各开有一座拱券式假门,门的两侧各塑有一尊木胎泥塑的金刚力士像。在拱券形塔门的正上方位置,均镶有一长方形匾额。塔身的正面写有“永安万寿塔”五个楷书大字

慈寿寺塔塔身东侧的塔窗的正上方位置,塑有一尊观音菩萨像,塑像为坐姿。观音菩萨座下及身旁,塑有朵朵祥云,好似观音菩萨正从天而降,来到人间普度众生

这些铜像具有很珍贵的历史价值和文物价值,在20世纪80年代初,曾有犯罪团伙试图偷盗铜像。他们在夜里顺着塔身边的避雷针攀上了密檐,并从佛龛中盗出几十尊铜佛,准备进行盗卖。不料,其中的一个人在攀爬时,从塔上摔了下来,当场死亡。后来,公安机关根据死者的身份,很快地将作案人抓获,并将铜佛追回。

每层塔檐的檐角下,各悬挂一枚大铜铃,角铃每边20—32个不等,每层各角又悬挂着大铃2个,曾有人做过统计,慈寿寺塔上共有小铃3040个,大铃208个,共3248个。每当微风吹过,3000多枚铜铃随着风的强弱发出不同的声响,清脆悦耳的铃声响彻整个慈寿寺内,让人听了仿佛置身于美妙的梵境之中。现在塔上的铜铃已经所剩无几,如果慈寿寺塔有感情,一定也会倍感寂寞。

每个檐角之上,前面各置有一尊用琉璃制成的护法金刚像,金刚像呈坐姿,披甲戴胄,两臂分开,双手握拳撑在膝上,姿态威风凛凛。在护法金刚像的后面,是两只角兽,角兽的后面装置着一个大型的龙首。

塔刹

仰望慈寿寺塔，能看见塔刹坐落在十三层塔身顶上的正中央，在两层八角形砖砌的刹座上，安置着一个铜制的鎏金葫芦形摩尼宝珠式刹顶。刹顶束腰中垂下八条铁链，牢固地连接从塔刹基座上，起到了稳固塔刹的作用。

塔刹坐落在十三层塔身顶上的正中央。在两层八角形砖砌的刹座上，安置着一个铜制的鎏金葫芦形摩尼宝珠式刹顶

塔后东西两侧立有石碑，东侧为万历十五年立，正面刻紫竹观音和赞词，背面刻有由明代万历朝大学士申时行、许国、王锡爵撰写的《瑞莲赋》；西侧为万历二十九年立，正面为鱼篮观音像，背面刻关圣像和赞词。鱼篮观音取材于佛经《感应传》及《法华持验》。鱼篮观音像全国仅存两幅，十分珍贵。

前面已经介绍过，由于李太后信奉佛教和出于巩固自身政治地位的需求，便命人铸成九莲菩萨铜像，供奉在慈寿寺的慈光阁中。还命人将加有瑞莲的观音像雕刻在石碑上，竖立在塔的两侧，强化自己在民间是观音菩萨转世的形象。

位于慈寿寺塔东北侧的石碑，为紫竹观音像

慈寿寺塔的选址、设计、结构、雕刻、装饰等诸方面的巧妙搭配，无一不彰显着明代人民在建筑方面的智慧，体现着当时皇家的审美旨趣。现代人也在不遗余力地对其进行保护、修复，希望能让子孙后代欣赏到这建筑艺术的瑰宝。

风雨 400 年

"江山王气空千劫，桃李春风又一年。"从建成到今日，慈寿寺和永安万寿塔经历了 400 多年的风雨，建筑虽不能言语，但是它们默默地见证着历史的兴衰，朝代的更迭，默默地承受着时间的洗礼，迎来过维护修葺，也曾经遭遇灾害侵袭。

清代书画家励宗万在《京城古迹考》中详细记载了慈寿寺的建筑布局及规模。根据他考察的情况来看，慈寿寺中的建筑布局，自明万历六年（1578 年）建成，至清乾隆十年（1745 年）的 167 年间，没有什么大的变动。

慈寿寺由南至北共有五层：第一层山门；第二层天王殿；第三层永安万寿塔；第四层大雄宝殿；第五层毗卢阁。寺院整体坐北朝南，规模宏大，气势雄伟。

清代乾隆二十二年（1757 年），乾隆皇帝弘历敕命对慈寿寺进行修葺。在大雄宝殿上悬挂乾隆皇帝御书匾额："梅檀宝地"。并在殿后的毗卢阁檐下，悬挂由乾隆皇帝御书的匾额："香云阁"，并书楹联："智珠朗映光明藏，意蕊常舒欢喜园。"

位于慈寿寺塔西北侧的石碑上的关帝像

清朝时,寺庙逐渐衰败,虽经修葺,但是也无法恢复原先的规模。到清代咸丰年间,寺内建筑已经比较破败了。永安万寿塔的建筑精湛,塔身异常坚固,在康熙十八年(1679 年)和 1976 年的两次大地震中,岿然不动,安然无损。

清光绪年间遭大火烧毁,火灾对于木质结构的寺庙来说简直是灭顶之灾,寺内建筑在火中都化为灰烬,只剩下慈寿寺塔、两座石碑、寺外的影壁和两株银杏孤单而立。

民国年间已经十分残破的慈寿寺无人问津,仅存的永安万寿塔和石碑也在进一步遭受着岁月侵蚀,曾经雄伟壮丽的慈寿寺变得一片荒凉。

转机出现在 1957 年 10 月 28 日,北京市人民政府公布了第一批亟须保护的文物单位,慈寿寺塔也在其中。近年来,由于慈寿寺塔年久失修,残破得比较厉害。1994 年,由北京市文物局主持、北京市文物古建工程公司承办,对慈寿寺塔进行了大修工程,用资人民币 80 万元。秉承着修旧如旧的原则,慈寿寺塔以历史的面貌焕发出新的生机。

为了更好地保护永安万寿塔,海淀区园林局于 1988 年春季,以慈寿寺遗址及永安万寿塔为中心兴建起一座公园,并取“玲珑塔”中的“玲珑”二字,定名“玲珑公园”。公园于 1989 年建成向公众免费开放。

1890 年所拍的慈寿寺塔照片,

塔周围的四座碑亭仍存

古塔新景:玲珑公园

历史悠久的玲珑塔潜移默化地影响着周围的环境、道路,玲珑塔位于昆玉河的西侧,20 世纪 80 年代末海淀区政府以玲珑塔为中心,建成了玲珑公园,占地约 7 公顷(包括水面 0.3 公顷)。

通过合理的规划布局,玲珑公园南部设计为园林景观,北部则为自然山水,山亭湖榭、曲径小溪分布在公园之中,使之成为京密引水渠畔一道亮丽的风景,成为居民休闲游玩的好去处。

从地铁慈寿寺站 I 口出来,过天桥往东走,不一会儿就能看到玲珑公园的北大门。走进公园,城市的喧嚣被隔绝在外面,幽静的小路延伸,小径两旁树木葱茏,夏天时枝繁叶茂,为往来游客提供着阴凉。

公园成为地区百姓健身的乐园

玲珑公园内种植有 **50** 余种花卉

公园中对弈的人们乐此不疲

走进公园,城市的喧嚣被隔绝在外面

公园内有慈寿寺塔、火车头广场、中心湖区、往来亭、观景平台、鉴池、花卉观赏区、健身广场、儿童活动场等,布局合理,传统景观与现代设计相结合,观赏性和功能性平衡地结合在一起。

位于火车头广场，制造于 1937 年的火车头

进入公园往里走，很快就到了火车头广场，一辆蒸汽机车火车头停在了公园里。这辆蒸汽机车制造于 1937 年，原为日本制造，1956 年中国对其进行了改造，机车全长 22.634 米，设计时速 80 千米，20 世纪 70 年代从铁路退役，于 1991 年移至公园内展示。

公园中心的往来亭

之所以在这里停着一辆机车头，因为当年这里是作为京张铁路支线的京门铁路。公园在机车前还特意复原了一小段铁轨，见证着中国第一条铁路的诞生与发展。

经过火车头广场向前行进，便来到了中心湖景区，湖边点缀着叠石拙山、水生花卉和曲水流觞，为北方景色增添了丝丝江南的韵味。在中心湖景区往南看去,就能隐约看到青灰色的慈寿寺塔了。

公园中心还建了一座凉亭,名为往来亭,亭的东西两面开门,门的立柱上,各镌刻了一副楹联,东边的一副是:寺废塔存遗古韵,水流鱼跃颂新风;西面一副是:新亭夕照留伊倩影,古塔朝霞寄我诗情。

公园内赏景最好的位置是观景平台,平台为防腐木结构,伸展向水面,湖岸美景尽收眼底,向东南远眺,可以看见高耸的中央电视塔。园内人工挖掘修建的鉴池,刚好照映出古塔的倒影,微风吹过,池水波光粼粼,古塔和水中的倒影相映成趣,恍惚之间仿佛就穿越400多年,和扑面而来的厚重历史气息相遇。

玲珑公园内的花湖观赏区种植了50余种花卉,春夏秋三季都有鲜花盛开,百花争艳,花香满园,装点着不同季节的色彩。小孩子们最喜欢儿童活动场,嬉戏打闹,为公园带来了生机与活力。如果你想短暂逃离繁忙的都市生活,玲珑公园绝对是你“偷得浮生半日闲”的好去处。

慈寿寺塔文保碑

一座寺庙,寄托着母子情深的美好愿望;一座佛塔,见证了朝代的兴衰成败,历经沧桑。在慈寿寺塔周围建起了玲珑公园,既利于对其进行保护维修,也让后人有幸能够领略宝塔的风姿,这也许是慈寿寺这方热土最好的归宿。

位于玲珑公园东侧的石刻“涤尘”

第五章

清代太监墓地:恩济庄

乾隆五十三年(1788 年)刻印成书的北京史志文献《日下旧闻考》中有这样的记载:“雍正十二年(1734 年),世宗宪皇帝赐内监等茔地一区,名恩济庄,并于其地敕建关帝庙,于乾隆三年(1738 年)二月落成。”

在北京市海淀区八里庄的西面约1千米处，今恩济东街以西，西八里庄路的南北两侧，现在是一片又一片的住宅小区，间或有数家机关单位点缀其间。这一带，便是村名见诸史载且沿用至今的“恩济庄”所在地。

相较于元代就有图籍记载的八里庄来说，恩济庄的“成”名则要晚得多。“八里庄”问世后，历史的车轮继续滚滚向前，穿越过奠基定慧寺、摩诃庵、慈寿寺的整个有明一代，至少300年后，作为地名的“恩济庄”诞生了。与八里庄因地处京西古道要冲而自然成村不同，恩济庄的形成则纯属“人为”，其得名缘于清代雍正皇帝的一道御旨。

雍正“奠基”恩济庄

“上下千年，纵横万里；普天之下，莫不需名。”这是近两年正在中央广播电视总台央视热播的《中国地名大会》栏目的开场语。万物之名，皆有来历。今天审视“恩济”一词，很容易让人想起“恩威并济”这个成语，但“恩济庄”的“恩济”与“恩威并济”无关。在这里，雍正皇帝只有“恩”，没有“威”，所谓“龙恩普济”，套用清宫剧、古装剧中的经典台词，恩济庄是清代皇帝“皇恩浩荡”之作。

雍正皇帝——爱新觉罗·胤禛画像

了却太监“身后”事

乾隆五十三年（1788年）刻印成书的北京史志文献《日下旧闻考》中有这样的记载：“雍正十二年（1734年），世宗宪皇帝赐内监等茔地一区，名恩济庄，并于其地敕建关帝庙，于乾隆三年（1738年）二月落成。殿内额曰：‘威灵普护。’”乾隆五年庚申（1740年）十月吉日又立《内监公茔碑》,此碑乃“清光禄大夫太子少保议政大臣内大臣户部尚书兼内务府总管海望撰文”。其文云:“世宗宪皇帝念宫殿监督领事苏培盛正侍,李英、谢成副侍,王太平、刘玉、安泰、徐起鹏、周世辅等奉御勤劳,特予恩旨令以次相承,又恩赐银万两,使营兆域,为谋久长……茔在阜成门外八里庄之西偏,工始于雍正十二年(1734年)八月,竣于乾隆三年(1738年)七月。”碑文中详细列举了各种用地的面积:“共地四顷六十三亩八分一厘,东至王家旗地,西至云净庵墙,南至掌仪司园头地,北至道。盖庙用地六亩六分六厘,香火地九十一亩六分七厘,寿地二顷四十二亩五分。盖坐落房间三十五间,用地五亩九分八厘,余祭扫田一顷十七亩。”原来,雍正皇帝怜惜紫禁城中辛勤侍奉主子们的大小太监年老体弱,出宫后老无所终,特为他们拨出八里庄西侧一块多达4顷的土地,作为众太监死后的葬身之地,也是对“在职”太监们的一种安慰和激励,激发他们知恩报恩。

从上面的文字记载看,恩济庄茔地面积十分广阔,“配套”设施也不可谓不全。太监生前就拥有皇帝赏赐的土地,以此收取租银,死后可葬于恩济庄太监茔地,修墓费用来自皇帝赏银和所得租银,香火费和茔地维护费用则完全依靠土地租银。嘉庆二十四年(1819年),嘉庆皇帝立“恩济庄碑”。《国朝宫史续编·官制》载:“嘉庆四年四月二十二日谕旨:西直门外白石桥地一顷零九亩,著赏给宫内、圆明园、清漪园、静明园太监等取租,以为永远料理众太监等恩济庄庙宇番火,并太监等主地需用之费……嗣后南府、景山总管、首领、太监亡故者,亦于恩济庄太监茔地内埋葬,不必入于外学教习、学生茔地。”皇帝不但为太监“身后”着想,而且为了恩济庄茔地的“可持续发展”,计其深远,通过租银让恩济庄茔地本身有造血功能,能“自给自足”,永续下去。从后来的历史看,这一目的基本达到了,从乾隆三年(1738年)茔地竣工到清末,经过170年的发展,恩济庄香火不断,最终成了清代历史上规模最大、埋葬人员最集中的太监公墓。据统计,在这里“入土为安”的太监有2700多人。以恩济庄为核心,周边居民、住户越来越多,最终发展成一个规模不小的自然村。

恩济庄所葬太监众生相

恩济庄太监公茔碑拓片

恩济庄太监茔地分成三部分。其一是太监的聚葬地；其二是“敕建关帝庙”；其三是“李公之墓”及李家祠堂。这“李公之墓”和李家祠堂便是李莲英的墓地和祠堂。李莲英的墓地占地20多亩，并且在关帝庙的偏殿还挂有他的大幅画像，有专人看护坟地，这在整个恩济庄太监茔地是独一无二的，可见李莲英的地位不同寻常。

葬在恩济庄、立有墓碑的太监，在传世文献中有记载或提到名字的，除李莲英外，还有乾清宫四品总管张启麟、乾清宫总管宫殿监副侍徐起鹏、宫殿监督领侍苏培盛、乾清宫副都领阎进喜、乾清宫总管赵进忠、内殿总管梁进忠、御膳房总管王进宝、乾清宫宫殿监正侍贾进禄、乾清宫首领侍秩崇四品王忠、总管宫殿监副侍王成、乾清宫副领侍御茶膳房总管赏戴五品顶戴孔雀花翎肖云鹏、乾清宫总管刘成、乾清宫总管赵德胜，上述诸人事迹均见《国朝宫史》《国朝宫史续编》。太监是中国封建制度的产物，是皇权政治的附属品，一旦年老体衰就得出宫，过着庙寓的生活。少数者回乡，多数者居京，死于异地他乡。据有关学者研究，为了解决太监的晚年归宿问题，雍正年间采取三条措施。一是太监革退为民，恩赏月银，享受退休金待遇。二是皇帝赐银建造坟茔城统一集中安葬。三是在太监中组织终身义会，“恩济庄终身义会”设总会首八人，分别由敬事房、兆祥所、打扫处、掌仪司、营造司、南府、圆明园、畅春园等八处太监组成。其中敬事房并不由总管太监担任，可见此会的性质是民办的。第二分会由御茶房、御书房、古董房太监百余名组成。该分会入会太监最多时达113名,最少时为102名。会费为每人每月交制钱50文,太监病故后其在恩济庄安葬费为5000文。在清代建立恩济庄太监公茔的100多年间,海淀区的皂君庙、大钟寺、槐树居、东西冉村、万寿寺、豆腐闸、大觉寺、遗光寺等地也都建有太监茔地。1958年,北京市海淀区文物普查时,在这些地方的拓片上保存了数以百计的太监墓碑碑文,仅恩济庄就有300多块。作为清代最大的太监墓地,恩济庄葬有许多首领太监,上述有文献可资查考的只是其中的一小部分。

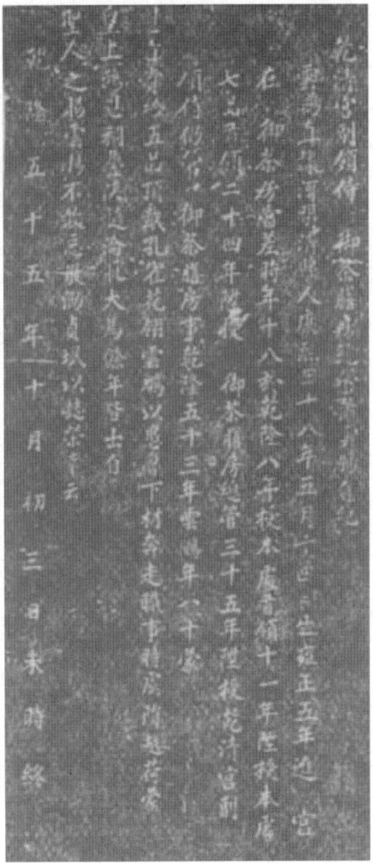

恩济庄太监墓地的乾清宫副领侍肖云鹏墓碑碑文拓片

1958年的文物普查,在恩济庄调查发现清代太监墓碑514座,许多墓葬仍保留有封土堆和宝顶。从1958年留存的近300处墓葬看,多为三合土宝顶或封土堆,碑均比较高大,碑座多浮雕和麒麟装饰,有的墓前有石五供、石供桌和石香炉。

老宫女眼里的恩济庄

关于恩济庄太监墓地的"盛况",我们从20世纪80年代后期先在《紫禁城》杂志上陆续连载,90年代初结集成《宫女谈往录》一书中一位刘姓老宫女的口述中可窥一斑。

《宫女谈往录》的作者金易(王锡璠)、沈义羚夫妇,是20世纪30年代考取北京大学的老北京人,他们上大学时就曾访问过老宫女,听她讲过清宫逸事。后来金易患病期间,老宫女曾到金易夫妇家帮工几年,离开时说是要到恩济庄看望丈夫老刘,而老刘是清末的一个太监,恩济庄是他的葬身地。老宫女是旗人，13 岁进储秀宫，慈禧呼她“荣”，专职给慈禧敬烟，18 岁由慈禧指婚，赐给一个姓刘的太监。这刘太监是李莲英的干儿子，专给光绪剃头，家住在北池子。

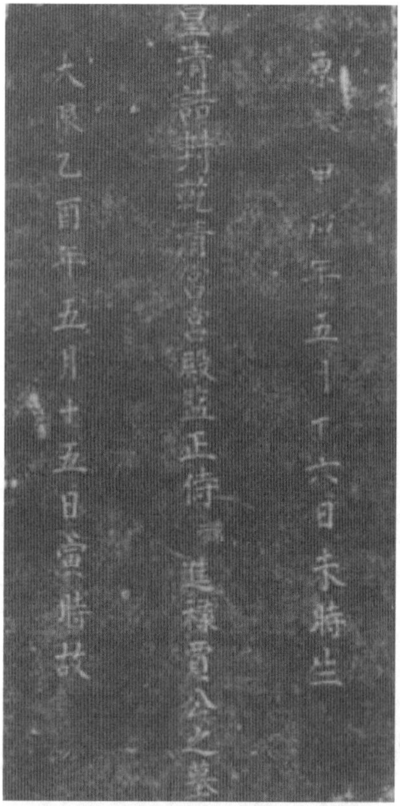

恩济庄太监墓地的乾清宫宫殿监正侍贾进禄墓碑碑文拓片

老宫女作为历史的亲历者，也是我们目前所见文字记录中离恩济庄和李莲英“最近”的人。

老宫女说，恩济庄也叫恩济寺。这是专埋葬太监的墓地，墓地中间修了一座关帝庙，寺名恩济寺，这里以庙得名。庙前有块碑文，记载雍正恩赐恩济庄的经过。雍正爷为给太监死后有块埋骨的地方，特赐银万两，划出几百亩地来，又敕建了关帝庙，居住人家，代为看护，因此叫恩济庄，是皇帝赐给的恩典，让历代太监感恩图报的。

老宫女说要去恩济庄看老刘，但她后来去了没有以及最后的归宿如何，书中没有明确记载，我们不得而知。但她明确说自己去过两次恩济庄。第一次去是宣统三年（1911 年），李莲英死后李家办丧事。因为当时老刘正在病中，老宫女（那时当然不老）代丈夫去李家祭奠。但因为李家女客很少，自己也不愿在那里抛头露面，坐车去坐车回，匆匆应酬了事。第二次去恩济庄是 1913 年老刘去世，老刘埋在了恩济庄，老宫女以未亡人的身份顶丧、送灵、抱罐子，来到了这块太监墓地。这一次她才看清了恩济庄的真正情况，这时已是民国初年。

老宫女自述，恩济庄墓地可分为三个部分。以关帝庙为中心，关帝庙以南是开阔的旷野，这里埋着两千六七百个太监，有大大小小的坟头。据看坟地的孙老头说,过去太监有公会,归内务府管,帮助整理墓地,每年清明雇人给个个坟头添土,围着墓地四周有树都雇人修理一番。墓地不等于乱坟岗,是有秩序的,墓穴都是事先排列好、编成号、按照死的先后顺序往下排。正顶端是个特大的坟,是空的不埋人,立有高高的石碑,以此为界线,分东西两个区。这里也有穷太监和阔太监的区别:阔太监可以一个人占几个穴位,培成一个特大的坟,立上石碑,设上石供桌。穷的只是一抔土,一个坟头罢了。穷太监辛辛苦苦一辈子,死后由官家领个八块板的柳木包斗子(棺材),四尺大小的一个坑,求得黄土不盖脸,也就知足了。关帝庙的北面就截然不同了,真是往南看荒丘累累,一片凄凉;往北看矮树葱葱,青砖瓦舍。老宫女感慨地说,人生枯荣悬殊,生前身后一个样啊。

现在,恩济庄太监墓地已经发展成了以西八里庄路为南北分界,以恩济庄关帝庙为圆心,辐射方圆 3 千米左右的连片住宅小区和机关单位所在地。虽说如此,恩济庄还是因为地下文化蕴藏丰富,于 1995 年 5 月 18 日被北京市人民政府列入第二批地下文物埋藏区名单。而地上的重要文物恩济庄关帝庙,至今屹立不倒,见证了自乾隆五年(1740 年)恩济庄太监茔地建成后日渐成村,村因此而得名至今 270 多年的风风雨雨。

关帝庙和关公文化

恩济庄关帝庙是恩济庄茔地建造伊始的“配套”设施,与太监公墓相伴而生。1928 年,北平特别市政府曾搞过一次全市范围的寺庙登记,其中比较详细地记载了恩济庄关帝庙当时的规模和情况,全文如下。

恩济庄关帝庙,坐落西郊第一分署八里庄西恩济庄十八号,乾隆五年新建,光绪十七年重建。本庙面积三十亩,殿宇房屋六十间,钟鼓楼各一座;附属田地四十亩,位于庙北墙外,与庙相连。管理和使用状况为军队所住。庙内法物有关帝像两座,药王像、真武帝、火神像各一尊,均土质,铜制三世佛三座,法

钟两口,小钟一口,法鼓两架,另有石碑两座,井一眼,庙外有石碑两座,井一眼。(档号 J181-15-58)

关帝庙山门

恩济庄关帝庙至今保存较好,为二进四合院式建筑,坐北朝南,从南至北依次为山门、钟鼓楼、东西配殿、正殿;后院有东西配殿、正殿(带东西耳房)。前院正殿前有倒地碑一块,即乾隆五年(1740 年)十月立的关帝庙碑。关帝庙自建成之日就有住僧,负责维护太监茔地的香火。恩济庄关帝庙 1992 年被海淀区人民政府确定为“海淀区文物保护单位”。今天,当我们从八里庄街道辖区恩济西街和西八里庄路十字路口西北侧走过时,可基本看到关帝庙的全貌。

山门上乾隆皇帝御笔“敕建关帝庙”

关帝佑护恩济庄

“敕建关帝庙碑”碑文讲述了恩济庄茔地与关帝庙的关系:“闻之神者聪明正直而一者也,而关帝庙为最盛。我朝尊崇祀典,冠于往代,维神功德显赫倍著灵奇,乃知圣天子精修禋祀,百神受职,帝眷所隆,即明神所福佑也。钦惟世宗宪皇帝,德配清宁,恩周寰宇,自宫府以及薄海内外,无不沦浃肌髓,而左右近习、效忠宣力者,咸邀覆帱之仁爱。念随侍宫监等供职勤劳,赏银建茔,复敕茔地近址营造庙宇,奉关帝像,俾住僧永远护视。工竣之日,复蒙我皇上御书‘威灵普护’匾额,以示褒异神之垂佑,宜与帝眷同昭矣。凡后之瞻拜庙下者,时思湛恩汪秽,异数顿加,由此益懋恪诚,期无忝于神明,用仰酬夫高厚,则赫濯之灵所以辅佑国家,而教忠劝善者,其长养更当何如耶?是为记。”

关帝庙正殿

立于关帝庙大殿门前的石碑基座

悬挂于关帝庙正殿的乾隆御笔“威灵普护”横匾

与关帝庙相配合,乾隆二十三年(1758 年),恩济庄关帝庙住持僧心缘在关帝庙设茶棚一座,并立碑记载说:“兹因恩济庄关帝庙设立茶棚壹座,秉义普结良缘,觅得刘宅民地壹段,计地伍十二亩,坐落八宝庄村西路南。此地东长阔二百三十八步,西长阔二百七十一步,通均宽阔三十九步,南至土岗,北至官道,中东至刘宅,西至刘宅。公同议定价置银二百四十两整,立契买定每年取租价银二十六两,以为关帝庙茶棚年终结缘费用,庶可久远锦长,不能稍有间断也。因此,立碣存质。时大清乾隆岁次戊寅季春月日。恩济庄关帝庙住持僧心缘敬谨持守传流后世。”碑阴刻字云:“立基永远,普结良缘”。清咸丰三年(1853 年)恩济庄关帝庙住持僧觉品复立一碑记载后事云:“兹因恩济庄关帝庙于乾隆戊寅年春设立茶棚一座,原觅得刘宅民地一段,在八角庄村西,计地五十二亩,租银二十六两,作年终费用。适有崇宅将此地兑换为茔,共同议定换得双槐树村北地五段,共计一顷六十三亩,每年取租钱一百八十吊整,作为关帝庙茶棚年终普结良缘之资,庶可久远锦长,不能稍有间断也。因此,立碣存质。时大清咸丰三年二月。恩济庄关帝庙住持僧觉品,敬谨办理,流传后世。”茶棚是旧时庙会期间在香道中修建的为香客提供沿途饮食、休息的场所,通常建在村中或村周围，以及香道途中的平地、平台、山洼等地。恩济庄关帝庙设有茶棚，可见其香火之旺。在旧社会，寺庙同老百姓关系密切，举凡生老病死、婚丧嫁娶、求财祈福、去祸消灾，无不到相应寺庙求神问卜、烧香还愿，以求得心理上的安慰。

雍正皇帝在恩济庄太监公墓营造之初就特意下旨建立关帝庙一座，正如乾隆皇帝手书“威灵普护”匾额之意，是要借助关帝之灵护佑这一方平安，碑文称赞关帝是“聪明正直而一者”之最，可“教忠劝善”，有了关帝的感召，上香者会“益懋恪诚”。关帝庙，当然不独恩济庄这一座，据记载北京市区新中国成立前有关帝庙260多座，在内城九个城门中，有八个建有关帝庙。在乾隆时期绘制的京城全图中，共标出内外城寺庙1207处，其中关帝庙88处，数量位列诸寺庙之首；即使在明代，沈榜著《宛署杂记》也称，当时宛平县一县，有关帝庙51座。

从关羽到关帝

关帝，即东汉末年三国时期蜀汉名将关羽，民间称为“关老爷”，但更多的时候称他为“关公”。关帝庙的称谓多多，仅北京而言，就有关圣庙、关王庙、双马关帝庙、白马关帝庙、立马关帝庙、白庙、红庙、高庙、关神火神庙、关帝财神庙、关帝鲁班庙等，还有叫伏魔庵、伏魔寺、伏魔宫、伏魔观的，实际上也是关帝庙，供奉的神灵也是关羽，所不同的是庙内的僧侣多为女性，即尼姑。关帝庙的布局，多为坐北朝南，坐南朝北的被称为“倒座关帝庙”。

崇祀关公的场所，除了关帝庙，还有三义庙。关羽不但受到儒家的崇祀，同时也被道家、佛家顶礼膜拜。令人称奇的是，社会上好多行业奉关公为行业神，以能与他搭上关系为荣。早在清初，文坛名流就说大江南北、长城内外无不崇祀关羽，流风所及，“今闻东南、日本、琉球诸国，西北、口外无不转相崇奉。极土木之丽，而其像设之雕塑图绘，如世俗所传修髯而美视者”（姜宸英《汉寿亭侯关公遗像赞并序》）。如果要让中国民间评选自古至今知名度最高者一人，关羽肯定是最强有力的竞争者，完全可以和孔子相抗衡，甚至远超后者，因为孔子更多的是为知识分子所熟知。在民间,孔子被称为“文圣人”,关羽被称为“武圣人”,不分伯仲。

我们现在来梳理一下关羽生平和关帝崇拜、关公文化的演进轨迹。

关圣帝关羽画像

关羽(161—220 年),字云长,生于东汉汉桓帝延熹三年庚子(161 年)六月二十四日,卒于献帝建安二十四年乙亥(219 年)十二月初七(一说十二月二十二日)。关羽出生于河东郡解县常平乡下封亭宝池里五甲一个有文化修养的殷实的小康农家,即今山西省运城市盐湖区解州办事处常平村。此处北距尧都平阳(今山西临汾西南)300 里,距禹都安邑(今山西夏县西北)70 里,西距舜都蒲坂(今山西永济西蒲州镇)120 里,上古天下为公的思想、仁义礼智信的儒家伦理及祖父、父两辈以《易》《左氏春秋》治家的传统士大夫观念对关羽品格的形成产生了重大影响。

相传,关羽除恶济善,杀死当地豪绅吕熊,避难涿郡时,与刘备、张飞聚义于镇压黄巾起义、继而军阀混战的汉末动荡大局中。刘关张崛起于与黄巾军战斗中,屡战屡胜,但在军阀的战斗中,屡战屡败,却愈挫愈奋,愈团结。关羽追随刘备三十七载,一颗忠心,两副肝胆,为蜀汉刘氏基业鞍前马后奔波一生,乃至战死沙场。关羽一生的事功,可用四川古蔺关岳庙联来概括:

兄玄德,弟翼德,擒庞德,纵孟德,志德千秋,千秋志德

生蒲州,事豫州,守荆州,战徐州,神州万古,万古神州

需要着重指出的是,庶民百姓对关公的虔诚信仰,不能不说小说、评话《三国演义》的推波助澜起了很大的作用,这也算是三国文化的影响力吧。而关帝崇拜的形成,历代帝王可谓有首倡之功。

献帝建安二十四年(219 年)冬,孙权偷袭荆州,关羽败走麦城,大义归天。魏文帝黄初元年(220 年),孙权害怕刘备起兵报复,将传关羽首级于洛阳曹操处,曹操将计就计追赠关羽为荆王,刻沉香木为躯,以王侯之礼葬于洛阳城南十五里,并建庙祭祀。

蜀汉章武元年(221 年),刘备在玉泉山建关羽祠。蜀汉景耀三年(260 年),刘禅谥关羽为"壮缪侯"。

南朝陈光大二年(568 年),在荆州建关庙,为全国建关庙之始,内敬奉关公画像。

唐上元元年(760 年),关羽因中选武成王庙配享名将,享受国家祭祀。

宋大观二年(1108 年),加封关羽为"武安王",后不断加封;宋淳熙十五年(1188 年),加封为"壮缪义勇武安英济王"。

元天历元年(1328 年),加封关羽为"显灵义勇武安英济王"。

明洪武三年(1370 年),恢复关羽原封"前将军寿亭侯",尽去宋元封号;明成化十五年(1479 年),颁布祭敕关羽文;明万历十年(1582 年),加封为"协天大帝";明万历十八年(1590 年),加封为"协天护国忠义帝";明万历四十二年

(1614年),加封为“三界伏魔大帝神威远震天尊关圣帝君”。关羽替代姜太公,成为武庙崇祀的主神,与孔庙并祀,成为武圣人。

清顺治九年(1652年),敕封关羽为“忠义神武关圣大帝”,后不断加封。光绪五年(1879年),加封全称为“忠义神武灵佑仁勇威显护国保民精诚绥靖翊攒宣德关帝神君”,26个字,达到顶峰。

值得一说的是,曹操埋葬关羽首级之地,位于今河南省洛阳市洛龙区关林镇,前为祠庙,后为墓冢,为海内外三大关庙之一,千百座关庙中独称“林”,是中国唯有的冢、庙、林三祀合一的古代经典建筑。明万历二十年(1592年),在汉代关庙的原址上,扩建关林庙,扩建成占地200余亩、院落四进、殿宇廊庑150余间、规模宏大的朝拜关公圣域。清朝康熙五年(1666年)敕封洛阳关帝陵为“忠义神武关圣大帝林”,始称“关林”,成为与山东曲阜“孔林”并肩而立的两大圣域。如今,沿着中轴线,关林从南到北是仪门、大殿、二殿、三殿、石坊、碑亭、陵墓,陵墓高10米,墓前有石碑一通,上镌刻有“忠义神武灵佑仁勇威显关圣大帝林”15个大字。

山东聊城关帝庙有联云:“儒称圣,释称佛,道称天尊;汉封侯,宋封王,明封大帝。”这一副楹联,道出了关羽崇拜形成的全过程。

关公文化的魅力

关羽本是一员勇猛的战将,而且实际上还是一员失败的战将,这样的战将在中国古代何止区区之数,何以只在关羽身上能形成独特的关帝崇拜和关公文化?可用一句话来回答:官方和民间形成的“合力”使然。而“合力”之所以将关羽视作可以求功名、佑仕途、医疾患、除祸害、驱邪魔、平反叛、祷子嗣、广财源、祈安康、佑商贾等无所不能的“关圣”,是因为从皇室到民间,均认为关羽不仅忠君、仁义、神勇、诚信,而且正直、善良、无畏、爱民。儒、释、道三教皆尊奉关羽为神。儒家将其与孔子并列,尊为“武圣”;佛教因其于玉泉山显灵,祀为护法伽蓝;道教几乎让他与玉皇大帝等同,尊为“天尊”“帝君”。历史上,人们视关羽为最理想的英雄和最尊贵的神祇,“允文允武,乃圣乃神”(洛阳关庙联)。而在关羽的所有品质中,历代最推崇的是关羽的忠和义,是关羽身上所体现出来的英勇无畏和磊落气节。如江苏宜兴关帝庙联:“志在春秋,孔圣人未见刚者;气塞天地,孟夫子所谓浩然。”山西运城解州关庙春秋楼联:“圣德服中外,大节共山河不变;英名震古今,精忠同日月长明。”关公之品格,尤以“义”为上,在几乎所有关帝庙的匾额中,多“大义参天”“义高千古”“义气千秋”之语。

被视为“异端”的明代大思想家李贽有诗《谒关圣祠》云:“交契得如君,香烟可断云。既归第一义,宁复昔三分?金石有时敝,关张孰不闻!我心无所似,只是敬将军。”诗《过桃园谒三义祠》云:“世人结交须黄金,黄金不多交不深。谁识桃园三结义,黄金不解结同心。我来拜祠下,吊古欲沾襟。……桃园桃园独蜚声,千载谁是真弟兄?千载原无真弟兄,但闻季子‘位高金多’能令嫂叔霎时变重轻。”又撰文《题关公小像》,称:“古称‘三杰’,吾不曰萧何、韩信、张良,而曰刘备、张飞、关公。古称‘三友’,吾不曰直、谅与多闻,而曰‘桃园三结义’。呜呼!唯‘义’不朽,故天地同久……唯其义之,是以仪之;唯其尚之,是以像之。”李贽号卓吾,自诩见识过人,他对关帝的“义”、对“桃园三结义”十分推崇,见识的确非同一般。李贽的评价可以说代表了古人的心声。

关帝崇拜和关公文化是今天中华大地乃至华人世界一个独特而富有感染力的文化景观,几乎可以说,有华人的地方,就有关帝崇拜和关公文化。在践行社会主义核心价值观的今天,爱国、敬业、诚信、友善与关羽的品格一脉相承,正如于右任先生曾经所说,“忠义二字团结了中华儿女,《春秋》一书代表着民族精神”。准确地、适度地阐释关帝崇拜和关公文化,去其糟粕,取其精华,有助于建立我们的民族自信和文化自信,也可以激励更多的中国人团结起来,一起推动我们的事业高歌迈进。

一百年前的李莲英

清代最显赫的太监当数李莲英,他死后葬在恩济庄关帝庙北边一虎皮石墙的院落里。李莲英墓室是恩济庄太监茔地中最豪华的墓地。

李莲英墓地位于苍松翠柏之间

李莲英墓外观

据记载,李莲英墓葬封土为三合土夯实元宝顶,下带条石座。墓顶高 360 厘米,直径 400 厘米;石座东西宽 570 厘米,南北长 640 厘米,高 50 厘米。墓前有石碑两块,一为李莲英墓志碑,高 350 厘米,宽 100 厘米许,用汉白玉制成,碑额篆书"永垂不朽";碑阳正书 18 行,记录其本人事述;碑阴额篆书"流传奕叶",正书八行,曰"光绪三十年(1904 年)十月初十日孝钦显皇后赐蟒袍补服全袭赐大福寿字一轴宣统三年(1911 年)三月初六日隆裕皇太后赐祭坛赐赏银一千两治丧。"另一石碑为墓地记碑。碑前有大小石五供两套,其上八仙等人物像雕刻细致,整体浑厚精美。再往南有石桥和石牌坊,牌坊横眉书"钦赐李大总管之墓",左侧书"阆苑风清",右侧书"仙台雾渺";石牌坊正面柱上有对联曰"通幽向明昭垂万禩,大中至正巩固千秋"。此牌坊乃宣统三年(1911 年)九月立。牌坊往南有路通李莲英墓的两处附属建筑——李莲英祠堂和李莲英阳宅。祠堂是专门祭祀李莲英的场所,位于其墓葬的南面,坐北朝南,有正房(带耳房)和东西厢房,是一典型的四合院。阳宅位于关帝庙东侧,规模较大,从北往南有大殿(带东西耳房)、正房、东西厢房；过垂花门又有东西厢房、门楼、大门。阳宅是祭祀人员休息和停留的地方。二进院北面粉墙建垂花门一座，进门即达墓地。墓前有月牙河，河中南北横卧汉白玉石桥一座。桥北建三间四柱石牌坊一座，石牌坊北设石五供一桌，墓前东西两侧各建单檐四角方亭一座，再后为灰色椭圆形宝顶，陵园内遍植苍松翠柏。遗憾的是，此两处建筑均在20世纪90年代拆除。1982年，文物普查时墓地仅存小亭一座和松柏树十株。1982年3月，李莲英墓址被海淀区人民政府公布为“海淀区第一批文物暂时保护单位”。

前述《宫女谈往录》中的刘姓老宫女，曾自述宣统三年（1911年）她在恩济庄太监公墓安葬丈夫老刘的所见所闻。她说，在关帝庙的北边，距离有十步远的地方，有一座拱桥，过了桥就进入石墙院落，院子里耸立着一座石头牌坊，牌坊的横眉上有“钦赐李大总管之墓”几个大字，这显然是葬后石匠凿的。当年崔玉贵对钦赐李的墓穴很是气不平，后他发誓不进恩济庄，在海淀蓝靛厂立马关帝庙买了六顷八十亩地作为自己的墓地。进牌坊是大理石的甬道，直达墓穴，这就叫神道了。墓穴上层是高高的一堆黄土，做成了坟形，黄土的下面是他的阴宅，阴宅里头放的是他的灵柩。这是老太后口谕许他生前安排好的墓穴，不然的话他也不敢冒失地称“钦赐”。神路的两旁各有一座石头底座，上面是砌砖的亭子，叫祭亭。神道东侧立有汉白玉石碑，记载着他的一生，怎么装饰外面也是石头墙围着，里面孤坟一座，凄凄凉凉，大总管当年的威风已不再。

和墓地紧相连的是西边的李公祠。想当初营造墓地的人一定和李莲英有交情，知道他的爱好。李莲英虽然长得憨蠢，却非常喜爱雅洁，老太后经常夸他内秀。这祠堂完全仿照宫里的书斋式样建造，三间北房，磨砖对缝，五尺的廊子，抱柱上有赭红色的楹联，方砖地，什锦隔子的窗子，矮矮的木窗台，汉白玉的台阶，看起来非常爽眼。门锁着，隔窗子看，屋里有供桌，上面有放神主的木匣子。正房西有耳房两间，外面有屏风隔着，大概是住女眷的地方。西厢房三间，大概是招待客人用的。整个院落蛛网尘封，看起来好长时间没有人到这里来了。

回到关帝庙时,看庙的老孙头告诉她,西偏殿里还有一张李莲英的画像,求她看看画得和李莲英本人是否相似。她很惊讶,影像不挂在李家祠堂里受香火,却挂到关圣大帝的偏殿里干什么?到西偏殿一看,果然有李莲英的全身坐像一帧,高二尺左右。由头上往下看:二品的红顶子,身穿团龙护心的黄马褂,绛紫色的吉服,胸前挂着朝珠。粉底高筒靴,两脚八字形踏在脚凳上,两手自然地垂放在双腿上。头微微地向右侧着,为的是把脑后孔雀翎子画出来,这是清朝大员画像的惯例。看面貌:一张赭黄脸,高高的颧骨,两颊略长,肿眼泡子,眼睛微合,大鼻子,厚嘴唇,长下巴。这确实是李莲英,只是眼睛画得差一点。他是胡椒粒眼,虽然小但非常敏锐,这一点没有传神。看起来他是特意把庄重朴厚的形态留给后人的。

李莲英生平

恩济庄今存有李莲英墓志碑一座。李连英墓志碑记载说:"……公自思可告无罪,已萌退志,及孝钦显皇后升遐,公之退志决矣。退居之时,年已衰老。公殁于宣统三年二月初四日,生于道光二十八年十月十七日,年六十有四。其入内行行走,历更咸丰、同治、光绪、宣统四朝,问谁能若是之慎始敬终、进退得宜者哉!……京西距阜成门十里余,名恩济庄,有佳兆。光绪三十三年九月十三日,钦奉懿旨,赐李公连英者纵横数十亩,荡平无窒碍,土沃而净,境扩而幽,树林交柯,郁郁葱葱。然于宣统三年二月三十日,葬公于此。"碑阴记载说:"是墓也,公之犹子衔等经理时,本拟就墓前房院用作祭祀,惟因地势广狭不甚相宜,遂与关帝庙住持意泉和尚议定,用庙东隔壁闲地建祠。另买田地一顷二十亩,每亩价银二十三两,共出银二千七百六十两整。买妥后,以一顷归庙中与建祠之地相抵。馀二十亩,因庙中正殿左旁三楹悬有公像,归住持自行荐祭之用。祭祠则大门旁房一层,垂珠门一层,祠堂一层,后边房一层,共四层三院。又东跨院房一层。又于祠外东南隅立一方亭。工既竣,周围内外,局度宏整,不虚不竭,足壮观瞻。又记之,以垂久远云。"

碑阳文字道出了李莲英的大致生平作为及退路和赐葬经过。碑阴文字表明，李莲英像确实曾悬挂在关帝庙中，而墓地建立之初就为其维护作了种种安排，可谓费尽心血。李莲英毕竟是“大人物”，非一般小太监可等闲视之。墓碑碑阳说李莲英历经四朝，夸赞他“慎始敬终、进退得宜”，倒也确是实情。我们且梳理一下李莲英的生平。

李莲英，道光二十八年十月十七日（1848 年 11 月 12 日）生于直隶河间府大城县安庆里李贾村，原名李英泰。

咸丰六年（1856 年），9 岁。净身，投奔郑亲王端华门下当差。

咸丰七年（1857 年），10 岁。由端华送进宫，分配到奏事处当差，后在梳头房学梳头，讨得懿贵妃那拉氏的欢喜，改名李进喜。

咸丰十年（1860 年），13 岁。英法联军烧圆明园，随驾去热河。

清代太监总管李莲英

咸丰十一年（1861 年），14 岁。咸丰皇帝病死，皇子载淳继位，年号“祺祥”，皇后钮祜禄氏尊徽号“慈安”，那拉氏尊徽号“慈禧”。后两宫太后与在北京的皇弟奕訢勾结，发动政变，改年号为“同治”，垂帘听政。安德海往返北京和热河传递消息，立有大功，被提升为大总管。李莲英也因充当耳目，深得慈禧太后的信任。后随两宫太后返京。

同治元年（1862 年），15 岁。慈禧太后为李进喜更名立号，赐名连英，俗名莲英，字乐元，号灵杰。

同治四年（1865 年），18 岁。李莲英经安德海保荐，被提拔为首领大太监。授六品花翎顶戴。

同治七年(1868年),21岁。安德海被山东巡抚丁宝桢杀,李莲英晋封为副总管太监。授四品花翎顶戴。

光绪十年(1884年),37岁。是年十月初十,慈禧太后50岁生日,李莲英献媚,称呼其“老佛爷”。自此始有此称。

光绪十二年(1886年),39岁。随醇亲王视察海军。慈禧太后赐李莲英黄龙马褂,授二品花翎顶戴。后遂升为内廷大总管。

光绪十三年(1887年),40岁。慈禧太后为李莲英过40大寿,王公大臣无不送礼。

光绪十四年(1888年),41岁。李莲英被慈禧太后任命为颐和园建园总监。

光绪二十四年(1898年),51岁。光绪皇帝“百日维新”失败,被慈禧太后幽禁于瀛台。慈禧太后“命中官李莲英监之”。

光绪二十六年(1900年),53岁。八国联军进北京,随驾逃西安,负责路上相关事务。

光绪三十三年(1907年),60岁。慈禧太后在恩济庄赐予李连英数十亩地建寿域。

光绪三十四年(1908年),61岁。慈禧太后死,向隆裕太后献宝乞骸骨。

宣统元年(1909年),62岁。为慈禧守孝百日后,离宫。

宣统三年(1911年),64岁。二月初四(1911年3月4日)病故。张勋、姜桂题赶来为其送葬。

李莲英在宫总计52年,是清王朝慈禧时期的总管太监,权倾一时。

李莲英其人

李莲英为人十分圆滑。光绪十二年(1886年)随醇亲王奕譞视察海军一事,历史文献和坊间的有关记载大同小异,但在李莲英的嗣子媳妇刘姓老宫女讲来,就显得特别的生动。老宫女说,光绪十二年,太后钦命七王爷奕譞视察北洋海军,让李莲英陪同。李莲英知道祖宗家法,于是把二品顶戴换成了四品顶戴。在海船上,他不住给他预备的仅次于七王爷的豪华舱舍,坚持住在七王爷的套间里,不和任何官员接触,白天只是在七王爷面前站班伺候,拿着七王爷的长杆烟袋,提着麑子皮的大烟袋荷包,往侧面一站,低眉敛目,自认为是太后钦派来伺候七王爷的。晚上,预备好热水,伺候七王爷洗脚,说:我平日没机会伺候七王爷,现在请赏脸让我尽点孝心,感动得七王爷连连拱手。一趟差事回来,七王爷、李鸿章争着向太后称赞。显然是给老太后露了脸,争了气,堵住了一班朝臣们的嘴,老太后更是喜滋滋的,连说"没白心疼他"。

李莲英等太监护佑慈禧出行

又据记载,每日三餐、早晚起居,慈禧太后和李莲英都当面或互派太监问候。慈禧太后在中南海、颐和园居住的时候,经常找李莲英,说:"莲英啊,咱们遛弯儿去呀!"李莲英便陪慈禧去散步。他俩走在前边,其余的人远远地跟随在后面。慈禧太后有时还把李莲英召到寝宫,谈些黄老长生不老之术,两人常常谈到深夜。李莲英实际上成为慈禧晚年生活中离不开、信得过、用得上的一个"伴儿"。

有传闻说,李莲英死前曾总结自己一生说:事上以敬,事下以宽,如是有年,未尝稍懈。其中固然有美化自己的成分,但李莲英从安德海身上汲取教训,一生比较谨慎,却也是事实。拿刘姓老宫女的话说,李莲英无论在什么时候,从来不脑袋发热,总是冷静地处理事情,这是他最可贵的地方。平常日子,太监犯了错误,他永远是恩威并施,暗中维护,所以太监们都服他,也愿意亲近他。在老佛爷宾天以后,他知道自己到头了,向隆裕太后献出历年老太后赏赐自己的珍宝,说是皇家的东西不该流入民间,自己年老体衰要离开皇宫,替主子保管的这些东西理应奉还主子,使隆裕太后十分感动。老宫女说的是隆裕太后准李莲英"原品休致",享受60两白银的退休金,在他死后仍然恩眷不衰,按大臣礼遇赏赐丧葬银两千两。这正是李莲英高明的地方。李莲英知道慈禧太后和光绪皇帝不和,他善于在帝、后之间走钢丝,一方面对慈禧忠心耿耿,另一方面又尽力维持着光绪皇帝的尊严和主子面子。在西逃西安第二年返京驻跸保定时,李莲英发现大冷天光绪皇帝居然没有被褥,便把自己的被褥献给光绪,痛哭流涕说"奴才罪该万死"。光绪皇帝事后回忆说:"若无李谙达(师傅),我活不到今天。"

但李莲英又是十分复杂的。当时的朝廷大臣、封疆大吏无不对他敬畏有加,也尊称他李"谙达"(意即师傅)。他常年侍奉慈禧,为人狡猾、机警,善于看主子脸色行事,一直受到慈禧宠信并公开抛头露面干预朝政。据《庚子西狩丛谈》记载,李鸿章、袁世凯等王公大臣甚至外国驻华公使都曾因为各种目的向李莲英行贿,李莲英也曾公然索贿,甚至在庚子西逃的过程中也不忘记伸手,连怀来知县吴永也不放过。李莲英在海淀彩和坊的住宅,就是他利用监造颐和园的机会用颐和园的砖石木料修造的。李莲英在北京城里的住宅不下七八座。南菜园(在今故宫西华门外南长街,乾隆时期"升平署"所在地)据说是李莲英出宫后终老之地;今东兴隆街52号、黄化门街43号(原19号)也是李莲英的私宅。仅在海淀,李莲英就修建有宅院三处,一处在彩和坊,一处在军机处胡同,一处在碓房居。彩和坊一处给其胞弟居住,军机处一处为招待宾客下榻之处,而他实际上只在碓房居住。碓房居宅院又称大铁门,李莲英宅院20

世纪70年代末基本残存，现为北京大学教职员工宿舍。其中李莲英在彩和坊南端的宅院，在海淀镇龙凤桥北侧路西，按老宫女的回忆，建于光绪年间，是很好的一处宅院，有假山有花园，据说是庆王和内务府大臣立山奉赠的。客观公允地说，李莲英之贪财、好地几乎是铁板钉钉的。他在北京内外城，包括老家河间府置有大量的宅院和土地。在民间，慈禧太后恶名在外，李莲英作为一人之下、万人之上的总管大太监，享尽了人间的荣华富贵，他也必然有意无意地协助其恶主子做了不少丧尽天良的罪恶勾当，背负骂名、遭人嫉恨是再自然不过的。于是，李莲英死后，其死因便有了多个版本。

按李莲英墓志碑文记载，李莲英是"病殁"。而之所以死因成谜，还得从李莲英墓被发掘说起。

55年前的挖掘

据八里庄时启宽老人说，恩济庄这一片太监坟地，其他的太监墓都没有名，只有李莲英的坟墓有名字，大家都叫它"老公坟"，因为还有祠堂和阳宅，有时也叫"老公庙"。时启宽老人小时候（老人家生于1933年）曾在这一片玩过，后来太监坟地变身果树林。

挖掘后的李莲英墓内

新中国成立后,这里出现了一所学校——北京市六一学校,李莲英墓被圈在了学校里面。

1966 年的初夏,北京市六一学校的西南角,有五六个人正在一刻不停地抡镐使铲,企图打开一个大土包。这个土包子不是别的,正是李莲英墓。

据参与挖掘的原北京市六一学校的赵广智老师回忆,他们几个人干了一个星期,坟墓没受多少"创伤"。赵广智后来查资料,才知道李莲英墓是用三合土,即用糯米汤、鸡蛋清、黄土白灰和成的。当年为了修墓,这一带人家的鸡蛋几乎被买断,只要蛋清,废弃的蛋黄在空气中弥漫着一股怪味,十分难闻。后来在一个老人的指点下,他们找准了地宫的位置,从地宫往下挖,才算"入了门"。

通道打开后,几个掘墓人相继跳了下去,巧的是,落地的位置正好在墓穴第一道汉白玉石门和第二道石门中间。石门中间偏下的地方有一个石槽,呈半圆形,里面放着一个直径 40 厘米左右的汉白玉石球。原来这个石球就是门闩,大家把石球抱开,没费多大力就打开了两道门。

人们轻手轻脚地走进了墓室,发现李莲英的棺材早已离开了棺床,顶到了石门的墙上。用钢钎敲击后,墙上并没有空洞洞的声音,却发现墙下四周 1 米多高的地方,有道高低不齐的水经过的痕迹。后来经文物部门判断,是墓室内曾经渗入过地下水,水高过棺床后,棺材浮了起来,等地下水一回落,就把棺材冲到了边上。

大家七手八脚地打开了棺材,却发现里面还有一层棺材,是一棺一椁,于是又把里面一层棺材的盖撬了下来,这时墓室里面的光线越来越暗,里面什么也看不见。有人划着火柴,看见一个人盖着被子躺在那里,被子平平整整,没有被翻动的痕迹,在被子右下角方向发现了四颗镇棺珠,在脚的位置发现了一副眼镜、一个烟袋、一串念珠、一个鼻烟壶、一个扳指。鼻烟壶是玉制的,背面有"光绪三十三年广德堂制"字样。接着又发现了玉如意、翡翠、怀表、戒指和一块宝石,后者后来被认为价值连城。1992 年,此地被海淀区政府公布为区级文物保护单位。在首都博物馆的展厅里,还能见到那枚出自李莲英墓的钻石戒指。

李莲英墓地出土的部分文物

李莲英墓地出土的翡翠扳指(现藏于首都博物馆)

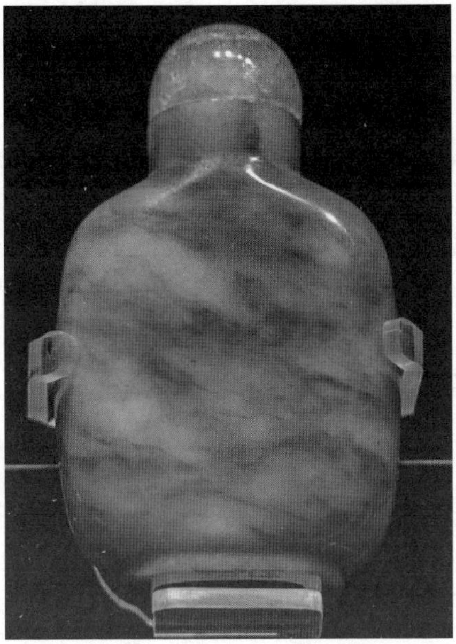

李莲英墓地出土的翡翠鼻烟壶(现藏于首都博物馆)

李莲英的棺材是紫红色的,棺材上描了金花,非常细腻。停放棺材的是一张汉白玉棺床,在棺床的上面,他们发现了一个没有打穿的圆孔,四周刻有云纹式的图案。接触地面部分刻有虎头形云纹,使得四周与地面有一个缝隙。棺床下面有一口水井,棺床之水井正好对准井口中央,名为"金井玉葬"。此葬法一是借风水源远流长,保佑后代人财两旺;二是借井水和冷气,起到防腐的作用。李莲英本无资格享受此规格,棺床中央的圆孔没有打通以示不敢僭越。但此下葬规格已是一种规格极高的下葬礼遇,显示了墓主人的尊贵身份。墓室后来成为六一学校防空洞的一部分,墓室中还有石棺床,四周雕花。墓室结构为两门五卷,通道两侧用雪白的石头镶嵌(不是汉白玉石),上面刻有类似"五蝠捧寿"的图案,在第二道门的门框上刻有一副楹联,上联是"秉性惟真承眷厚",下联是"居身克谨得心安",意在褒扬墓主人的品行。

赵广智后来回忆说:"里边平平整整躺着一个人形,有头,有胳膊,有脚,盖着被子。”而当他试图挪动尸身时，才发现根本就没有尸骨，棺材里除一颗头颅和一条长辫子外，没有尸身，在未曾腐烂的长袍下面，原来是一串佛珠和五十多件随葬的金银珠宝。尸骨不会腐烂成灰，仅剩下一颗头颅，而尸体也绝不可能遭到破坏。因为无论是整齐有序的墓室，完好无损的棺木，还是价值连城的随葬品，都说明在此之前墓室从未曾有人来过。赵广智就意识到，这是一座只有头颅不见尸骨的坟墓！只有头颅而没有尸身的李莲英，不可能是病死的，唯一的死因可能是“他杀”。

事实果真如此吗？

李莲英死因之谜

在1966年李莲英墓挖掘之前，在民间，关于李莲英之死本来就有多种说法，其中“他杀”说很有市场。

李莲英究竟为何人所杀，概括起来有三种说法。一是为革命党人所杀。盖因他在慈禧太后和光绪皇帝的争斗之中，支持太后，而打击帝党。但是，也有学者反对，认为李莲英并没有参与朝廷内的党派之争，他也不可能得罪革命党人。关键之点是，他临死之时早已出宫3年，对于政事基本没有影响，杀他没任何意义。

二是在去山东讨债途中被悍匪所杀。这一观点，也被无数专家质疑。以李莲英的财富地位，他怎么可能亲自出门讨要债务呢？但是，支持这一观点的人说，李莲英曾有一个侄孙女，嫁到了山东省无棣县。他曾去山东探望侄孙女，顺便到泰山一游，走到山东和河北交界的地方被人杀死。当时跟随的两个侍从吓得失魂落魄，只把李莲英的头颅用包袱兜回了北京。等到再派人去找他的尸体时，尸体早已无影无踪。

三是为江朝宗和小德张所杀。此说法主要是北京文史研究馆已故研究员颜仪民先生的观点。支持该观点的人认为，江朝宗是袁世凯的亲信，小德张则是李莲英的后任。两个人出于不同的目的杀了李莲英。李莲英曾得罪袁世凯,这是事实,因此袁世凯有可能授意亲信下手;而小德张则为了争夺其遗产之事,而萌生杀人动机。但有学者考据说,江朝宗宣统二年(1910年)正在陕西汉中镇总兵任上,直到1912年才回北京担任北洋政府北京卫戍司令,而其时李莲英已死。同时,也有人认为,小德张同李莲英并没有共过事,两人没有利害冲突,杀人动机不存在。但颜仪民坚持说自己早在1966年前就知道李莲英"人首异处"的底细,此秘密在他的灵魂深处埋藏了60年,但又拿不出确凿证据,而今人证物证俱在,更是坐实了李莲英被"他杀"的史实。据他说,20世纪30年代时他的父亲与江朝宗交好,两家接触频繁。自己经常听到他们谈及李莲英与小德张之事,以及说李莲英伤人太重被暗杀了。但江朝宗闭口不谈李莲英被杀的原因和经过。江朝宗之子江宝昌为人比较直爽、坦率,有一天,江宝昌与他闲聊天,谈到李莲英时江宝昌说:"慈禧太后死后,隆裕太后想没收李莲英的财产,要不是老爷子(指江朝宗)出来替他说话,早就把他家抄了。小德张是李莲英的死敌。有一天,老爷子下请帖请李莲英在什刹海会贤堂吃饭。一向不出门的李莲英准时到了会贤堂,他万分感谢老爷子救了他一家。席散之后,李莲英路经后海遇上土匪被暗杀了。在后海河沿找到了李莲英的人头。"当日,江朝宗又派江宝昌到棉花胡同李宅"慰

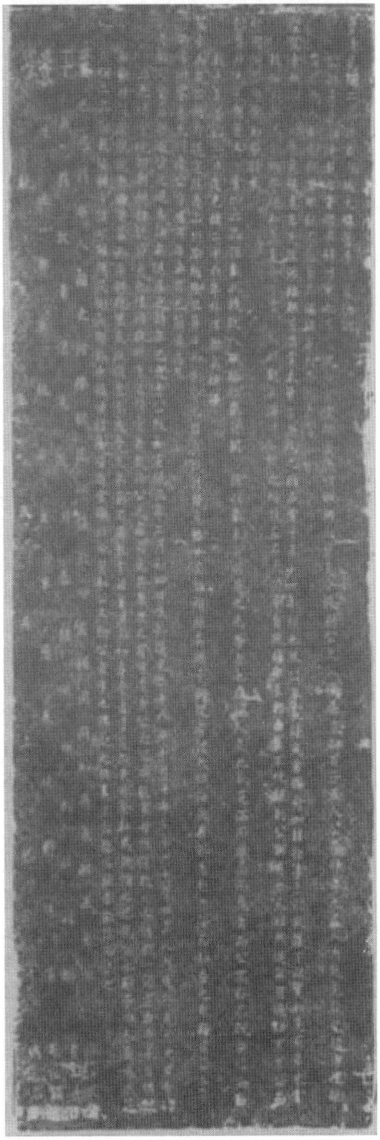

恩济庄墓地的内廷大总管

李莲英墓志碑碑文拓片

问”其家属。李莲英的家人直到天蒙蒙亮，找到李的人头，但身体可能越过河滩被抛到海子里去了。李莲英的兄弟们担心真相如果被报纸登了出来，麻烦就大了。当江宝昌奉父命到李宅慰问时，李莲英的兄弟们恳请回去禀报江将军，不要下令追究，并请代为保密，然后对外以病死发出讣闻。颜仪民提供的这些“细节”，有名有姓有理有据，但毕竟只是一家之言，江氏父子已死，颜老先生已经作古，无法查考。

2021 年 4 月，正在修缮中的关帝庙工地

而李莲英的过继孙女李乐正说，祖父死于痢疾，得病三四天就突然死亡。但有专家怀疑这种解释，因为李莲英死时正是初春季节，这个季节得痢疾让人费解。自称李莲英“既是自己的恩人，也可以算作是自己的仇人”的前述刘姓老宫女，说自己是在宣统三年（1911 年）清明节前接到李莲英的丧帖子。她清楚地记得，这一年春寒，正月连续阴天，听说李就是在连续阴天下得痢疾死的。正月二十九日得的病，夜间肚子绞拧般疼，第二天发现有脓有血。得病之后，一点东西也不吃，到二月初四就死了。据家人说，这叫锁喉痢，死得非常快。

究竟在哪里死的,家里人闭口不谈。老宫女的说法算是给出了具体病因,但从李家人讳莫如深看,李莲英的死因还是疑雾重重。

从李莲英墓有头骨无尸身看,李莲英疑似非自然死亡,死于非命的可能性较大。但如果死于他杀,究系何人所为,各家之说尚有可待商榷之处,目前还只能存疑。

地处北京城西郊的八里庄和恩济庄,似乎命中注定就和太监有缘。摩诃庵、定慧寺系明代太监发起建造;明代太监比较集中的墓地有两个,八里庄是其中之一。2013 年,摩诃庵周边城市改造拆迁,在文物筛查时,发现摩诃庵东西两侧有明代太监墓 300 余处。不知道是受了前明的启发还是历史的巧合,雍正皇帝选择八里庄正西的位置作为清代太监的终老之地,并赐名“恩济庄”。恩济庄就这样存在了下来,延续至今。岁月不居,时节如流,恩济庄已今非昔比,太监公茔的历史陈迹早已不存。就李莲英墓被挖掘至今的 50 多年来说,恩济庄变化很大,原李莲英墓所在的恩济庄 46 号院,即原六一学校所在地,如今矗立着的是一所新的学校——二十一世纪国际学校,而六一学校的小学部——海淀区六一小学,则搬到了今恩济西街东侧,在东距其旧址 150 米的恩济里小区办学。恩济里小区建造于 1994 年,弯曲的主路呈现“扩大四合院”的形式,分成为四个组团,分别取名为安苑、定苑、幸苑和福苑,寓意居民生活安定幸福。小区环境优美安静,和周边的小区一样,焕发着改革开放新时期的风采,象征着我们这个时代的富足、文明、友善和和谐。恩济庄的变迁,同样是历史进步的一个缩影。

参考书目

海淀区地名志编辑委员会. 海淀区地名志[M]. 北京:北京出版社,1993.

北京市海淀区地方志编纂委员会编. 北京市海淀区志[M]. 北京:北京出版社,2004.

北京市政协文史资料委员会. 北京文史资料精选·海淀卷[M]. 北京:北京出版社,2006.

北京市档案馆. 北京寺庙历史资料[M]. 北京:中国档案出版社,1997.

李彦来. 海淀历史文化研究[M]. 北京:北京出版社,2012.

张宝章. 宝地明珠(下)[M]. 北京:新华出版社,1989.

金易,沈义羚. 宫女谈往录[M]. 北京:故宫出版社,2010.

蔡世英. 清末权监李莲英[M]. 石家庄:河北人民出版社,1986.

田福生. 关羽传[M]. 北京:中国文史出版社,2007.

第六章

中国第一所盲人学校

北京市盲人学校创建于 1874 年,1920 年迁至京西八里庄,整体占地面积 60 亩,建筑面积 3.1 万平方米。是我国建立最早的一所特殊教育学校,也是北京唯一一所视障教育学校。

乘着时光穿梭的翅膀，记忆的底片定格在1874年（清同治十三年）。位于北京市东城区甘雨胡同的瞽叟通文馆的创立，揭开了中国视障教育的篇章，也开起了中国第一所盲人学校——北京市盲人学校的伟大征程。从此，栉风沐雨，一路攀登，北平启明瞽目院、北京市盲童学校、北京市盲人学校与北京物资储备中专学校合并组建新的北京市盲人学校，历史的脚步清晰而凝重，文明的传承绵延不息。

这里的百年书香积淀了丰厚的人文底蕴，数代的精诚追求彰显着鲜明执着的精神——求知、明理、仁爱、自强，像化雨的春风，氤氲着北京盲校希望的热土，如温暖的阳光为视障孩子点燃一盏盏明亮的心灯，美丽着他们的诗意人生。

一、特殊学校点亮一束希望之光

北京市盲人学校创建于1874年，1920年迁至京西八里庄，整体占地面积60亩，建筑面积3.1万平方米。是我国建立最早的一所特殊教育学校，也是北京唯一一所视障教育学校。

1926年，启明瞽目院师生合影

走进这里，会对它的一切肃然起敬：一流的教学设施，优秀的师资团队，宜人的育人环境，稳步上升的教学质量，令人瞩目的教科研成果，不断提升的社会影响，正在拓展的社会服务功能……"教育、科研、培训、服务"四位一体的办学功能为视障孩子的人生奠定着坚实基础，让他们从这里迈出稳健的人生第一步，走向阳光明媚的未来。

驻足这里，或许无从瞬时去感受它桃李满天下的豪迈，但是，培养每个视障孩子成为"具有自强、自立的精神；具有良好的品行和知识技能，成为能够自食其力、融入社会的公民"，却是学校不懈的追求。

今年69岁的李任炜从北京市盲人学校的教师岗位退休多年，昔日鸿儒现今虽已满头银丝，却仍旧丹心不改。他说自己是个闲不住的人，退休后还在中国盲文图书馆继续授课，为他提供平台的人是自己的学生。当了近30年的教师，他的热情和耐心依然未减，笑说自己给盲人学生上课时跟以前的状态一样好。

北京盲人学校李任炜老师近照

伴着冬日午后的暖阳,老人为我们打开了记忆的闸门,往事犹如醇香绵甜的佳酿耐人回味。1961 年,先天视力残障的李任炜被家人送到了位于北京市海淀区八里庄的北京市盲童学校(北京市盲人学校前身)学习,那年他 9 岁。

在盲童学校的日子里,李任炜不仅学习了文化课程,还学会了很多新技能,如编织、抄歌谱等。1963 年,在学制稳定,六年制小学毕业生有所增多的情况下,盲童学校成立了初中部,新开了按摩专业班,开始实行小学五年、中学三年、按摩班两年的“五三二学制”。1966 年,李任炜幸运地成为该校初中部的学生,在此期间,他参加了学校成立的毛泽东思想宣传队,向盲校一位从军乐团转业的老校工学习吹小号。毕业后,凭借着小号技艺,李任炜被海淀区评剧团选中进团做了 10 年小号演奏员。

1990 年 2 月,李任炜从蓝靛厂橡胶五金厂调到北京市盲人学校教音乐。同年 9 月,他参加美国卡特基金会与中国残疾人福利基金会合作举办的盲人钢琴调律师培训班,跟着美国钢琴调律大师安妮 · 格瑞学习,最终掌握了这门技艺。

1991 年 9 月 1 日,北京市盲人学校正式开办钢琴调律与维修专业,学校拿出有限的经费购置了 3 台钢琴和部分专用工具,选拔 5 名初中毕业的盲生进入该班学习。这是一门年轻的课程,授课对象是一群盲孩子,普通的教学方法无法满足课程需要,李任炜只能自己钻研。他执笔完成了《中国盲文民族器乐符号集成》一书,深得美国专家的赞许。因为师生都看不见,书和图形一切全免,只能靠语言和实物操作,一个一个地把着手体验。经过两年艰苦严格的教学训练,5 名学生基本上都掌握了立式钢琴的调修、拆卸、组装技术,而且还能弹奏部分钢琴小品。毕业后,5 名学生一走进北京钢琴调律市场,便被行业内的老板们当成了“香饽饽”,争相聘用。2012 年退休后,李任炜又被返聘了 6 年。

时光流转,在李任炜心中,北京市盲人学校是一个带他走向“人生光明”的地方。以至于 1990 年再度选择回母校任教时,更多源自他心中对母校的无限感激。他说:“北京盲校使很多盲人‘变废为宝’,‘残而不废’。我希望像学校创建者一样,为盲人的世界点亮一束希望之光。”

二、开启中国残疾人教育的瞽叟通文馆

李任炜口中的创建者是英国传教士威廉·穆瑞(William Murray)。时间的光轮穿越漫长的隧道,停止在1870年前后晚清的中国社会。那时候,盲人是完全被忽视的一群人,没有人尊重他们的价值、关心他们的境况。许多人甚至认为盲是一种天罚,因此对盲人存有鄙视和敌意。他们往往被亲人逐出家门,依乞食或相命为生;而女子则多沦为妓女,在悲惨中度其一生。对盲人的收养已经被忽视,当然更谈不上对盲人的教育。因此,中国旧社会中的盲人,不但在视觉上是盲的,在心灵上也是盲的。

学校创始人苏格兰人威廉·穆瑞,

他在北京甘雨胡同创立的“瞽叟通文馆”是北京市盲人学校的前身

来华的传教士们开始关注这个特殊群体，第一个来到中国的医疗传教士伯驾（Dr. Peter Parker）就是一名眼科医生，继伯驾之后来华的医疗传教士不计其数，其中不乏以眼科著名者，因为他们的努力，使无数盲人得到复明的希望。对于无法恢复视力的盲人，收养与救济只是消极的工作；积极性的工作是设法使他们获得谋生的知识与技能，并且建立他们的自尊与自信，而这就有赖于盲人教育的实施了。

而对于中国盲人教育贡献最大者，当推英国传教士威廉·穆瑞。穆瑞1870年受苏格兰圣经公会的派遣来华，随后驻留北京。作为一名售卖圣书人，其工作性质要求他在街头闹市等场所活动，从而能够广泛接触到中国的残疾人。“我经常看到一些盲人购买封面有凸起绘画的圣书，这提醒我，这个世界上还有这一类人群的存在，应当解救他们的生命，提高他们的生存价值。”穆瑞感到必须为这些盲人们做点什么，于是向差会（指基督教新教差派教士进行传教活动的组织）发出呼吁，却没有得到回应。差会不认为这是一项重要工作。穆瑞愈接触这些盲人，愈觉心情沉重。他不断自问：“我能为他们做些什么？”穆瑞转而决定以一己之力来助中国盲人，于是他辞去销售圣经的工作，开始自行收徒讲学。

首先，他将布莱尔氏的盲人点字加以改造，设计出一套适用于中国北方官话的点字，以便当地的盲人使用。“当看到第一个学生跟着我们学习时的愉悦真是难以言表，当我们的识字课本编完时，他也就能阅读了。”第一个学生的成功给穆瑞以信心，他开始带第二个学生。这是穆瑞从街上捡来的小乞丐，这个范例更为成功，两个月后，盲童就能正确阅读和写字，并能在听众前进行各种“表演”，用手触摸书本大声朗读，在公众中引起轰动。

办一所专门的盲人学校的条件也渐趋成熟。1874年，穆瑞借用长老会在北京市东城区甘雨胡同的房舍，创办了“瞽叟通文馆”，课程除《圣经》外，还有读书、算术、音乐等。中国近代第一所形态比较完备的特殊学校——盲人学校，由此起步。据《北京普通教育志稿》和《北京名校录》记载，当时，瞽叟通文馆仅有几间铺面房,有盲人学生十余人,以学习《圣经》、宗教、音乐诗为主,同时开设手工课,是一所以培养学生对基督教虔诚信念和职业技能为宗旨的慈善机构。

同学们编织的藤椅作品

同学们进行编织藤椅的学习

同学们进行盲文学习

早期学校技能学习——织布

学校还有一件在中国盲人教育史上值得大书特书的事，就是在中国最早引进了法国人路易·布莱尔发明的盲文符号体系，并加以汉文认读的改造，制定了中国最早的盲文——盲文数字符号。中国盲文的构建由穆瑞首先着手，经过不断试验，终于初创了中国历史上第一套中文盲字系统，名曰“康熙盲文”，又称“瞽目盲文”。该设计是根据布莱尔的六点盲字符形和《康熙字典》的音韵，以北京语音为基准，整理了代表中国北方常用单字的408个字音，用40个数字符号组成408个音节，每个音节由两个数字符号组成。以号码表示各个音节，以两个数字符号点位的高低区分声调。阅读的时候，用左手定位，右手触摸点数排列，理解其中的含义。这种盲文科学合理，好学好记。

穆瑞在回国度假的时间里，为这所学校募集基金、购置器材，获得不少的支持和鼓励。其他宣传士亦纷纷加入盲人教育的行列，他们向中国社会宣传盲人教育的重要性。1891年是学校发展的一个重要年头，这年，到校访问的来自苏格兰的戈登·库明小姐(C. Gordon Cumming)被穆瑞的精神所打动，提出愿意资助学校，学校规模因此得以扩大。戈登·库明小姐在伦敦代募基金，成立基金保管委员会，按年拨款，补助学校经费。

1911年9月6日，穆瑞在北京病故，有人撰文将穆瑞称为是开创中国盲教事业的“灵魂”。在这之前，中国“盲哑之儿童，贫则乞食，富则逸居”。穆瑞将近代盲人教育引入中国，该校在穆瑞逝世后仍在延续。

三、历经沧桑绽新颜

光阴的转角总会有来来去去，时光，跌跌撞撞，生命，浮浮沉沉，一个转身能带走多少过往？一眼回眸可书写多少沧桑？

在李任炜的讲述中，北京盲校还曾有另一副模样。1920年，学校成立董事会，募集捐款，在北京西郊八里庄购地80余亩，建房150余间，迁校后改名为启明瞽目院。学校由董事会领导，下设院长一人，主管院务，聘英国人甘华德为院长。

依据新学制，从1922年起，启明瞽目院开设小学部，分为初小四年，高小二年。开设课程主要为《圣经》、音乐、手工、盲文。启明瞽目院的课程设置与普通国民小学基本相同，不同之处是在校内开设工艺部。工艺部设手工场，培养年龄大的盲人学习各种手工技术，设编织、纺织、弹棉、鞋、木工等科。男生主要从事编织藤椅、提篮、做鞋等；女生从事织布、织毛巾等。学生毕业后有的留厂当工人，有的留校任教师，有的自谋出路。

已迁至现址的“北平启明瞽目院”小礼拜堂

1937年，抗日战争爆发，甘华德回国。启明瞽目院由英国人法克斯接管。1939年，威廉·穆瑞之子穆德明受英国教会的委派来北京接管启明瞽目院。1941年，太平洋战争爆发，穆德明被日本人囚禁，启明瞽目院由“华洋义赈会”接管。1945年日本投降后，国民政府社会局重新组织启明瞽目院董事会，先后由张雨洲、经家邈担任院长。

之后，启明瞽目院被损毁，设备被劫。到新中国成立前夕，启明瞽目院更是破烂不堪，仅能勉强维持40多名学生的学习和生活。

1949年，中华人民共和国的成立为人民驱走了黑暗，胜利的日出带来了希望的曙光。损毁严重的北平启明瞽目院也正式退出了历史舞台。1954年8月24日，北京市人民政府正式接管启明瞽目院，改名为北京市盲童学校，由私立改为公立，归海淀区政府文教处管理，金行素任校长。自此，学校获得新生。昔日的教会学校成为为工农大众服务、培养盲人为社会主义有用人才的新学校。

1962年，参加第七届世界青年盲人运动会时的留影

20世纪60年代初期学校师生在门前的合影

人民政府为盲童学校提供稳定可靠的经济来源，修缮破旧的教室和宿舍，不断改善学习环境，添置适合盲童学习的教具，增加新的盲文书籍，并对生活困难的学生定期发放助学金。从1954年到1962年，学校在教学设施、教学内容、教学管理方面较新中国成立前有了明显的发展和变化。

党的十一届三中全会后，盲童学校进入了新的发展时期。1980年，海玉森任校长，提出“打好基础，培养兴趣，发展特长，专业定向”的办学指导思想，十年如一日，主抓教学质量的提高。1982年，学校正式建立了按摩职业高中班。也是在这一年，国家有关部门为盲童学校建起了具有盲人使用特色的新楼房，有教学、办公、宿舍楼以及食堂，形成了布局合理、相互连接的楼群，教室、实验室、计算机房、语音教室、图书室、教具室、办公室及卫生室分设各楼层。

历经沧桑绽新颜。一幅幅硕果累累的画面背后，是新中国在教育赛道上奋勇前行的步伐。在党的教育政策滋润下，北京盲校的学生们在新中国的蓝天下享受到了良好的教育，也通过知识改变着命运。残奥会冠军平亚利、盲人作家郑荣臣、盲人演奏家田山……在盲校的历史丰碑上，他们的名字有着别样的意义。

1980年，平亚利从北京盲校毕业后被分配到了北京橡胶五金厂工作，在一次偶然的机会下，她被推荐参加了1982年12月8日在香港举行的第三届远东及南太平洋伤残人运动会集训队。她在跳远训练时非常刻苦，成绩优异，这得益于她在学校时良好的体育训练的结果。平亚利的运动生涯由此开启，1984年6月，在第三届伤残人奥运会的女子半盲跳远比赛上，22岁的平亚利为中国队夺取了第一枚金牌。当她在美国纽约的颁奖仪式上听到奏起的中国国歌时，双眼流出了热泪。后来，平亚利入选为中国残疾人联合会盲人协会主席团委员，被评为民政局系统先进工作者、全国工人体育模范，并载入《中国妇女名人录》。

郑荣臣11岁时来到了北京盲校，入学后学习非常用功，并且养成了热爱读书的好习惯。他的作文尤其出色，老师经常以他写的文章作为范文，在全班阅读、示讲。1964年，郑荣臣怀着报效祖国的伟大抱负回到故乡天津，分配在第二纸品厂当夜校教员。他一边教学，一边写作，通过多年的不懈努力，最终成为一名盲人作家。因顽强的毅力与忘我的劳动，1983年6月，郑荣臣被吸收加入中国作家协会天津分会，成为会员，同年8月，又被选为天津市盲聋哑协会副主席。

1968年毕业于北京盲校的田山，学生时代就酷爱音乐。在盲校音乐老师的帮助下，他曾自己动手做胡琴，追求着音乐梦想，开始了曲折又辉煌的艺术生涯。此后，他演奏的二胡独奏曲、板胡独奏曲、软弓京胡曲，在北京市和全国比赛中多次获得一等奖。1983年，他受到文化部的派遣，代表中国残疾人走出国门，出访了欧洲、亚洲十几个国家和地区，使各国人民了解了中国的残疾人事业，为歌颂党歌颂社会主义制度作出了自己应有的贡献。

四、“浴火凤凰”展翅翱翔

1985年，北京市盲童学校改名为北京市盲人学校，划归北京市教委直属管理。此后，学校确定了“学校有特色，学生有特长”的办学目标，本着“抓好基础，培养兴趣，发展特长，加强培训”的原则，注重培养学生“自强、团结、奋斗、成才”的优良品格，在保证九年义务教育质量的基础上，重点发展职业教育，让学生成为自食其力的新型劳动者。

1986年，经市政府批准，北京市盲人学校成立了按摩职业中专班，学制为3年，采用全国中专卫校专业统编教材，分别开设了普通课、基础课和专业课组成的11门课程。至此，北京市盲人学校已经成为具有小学、中学、中专三部分的综合性盲人学校，学制细划为五三三制。

为改变我国盲人教育落后的局面，尽早普及盲人九年义务教育，北京市盲人学校承担了在北京地区开展“金钥匙”盲童随班就读教育计划任务。学校抽调经验丰富的老教师建立“金钥匙”工作小组，从1988年起，在寒、暑假举办盲人教师培训班，还派出教师到河北、房山等地培训教师，介绍盲教经验，指导各试验点的工作。

1985 年，更名为北京市盲人学校后的学校大门

2006 年，两校合并后的校门

1990 年,学校建起了 2300 平方米的五层教学实验楼。同年,学校获北京市德育工作者先进集体奖。截至 1990 年底,北京市盲人学校占地面积 16650 平方米,建筑面积 8031 平方米,普通教室 25 个,专用教室 6 个。全校 12 个年级 12 个班,150 余名学生,70 名教职工。

进入 21 世纪后,北京市盲人学校先后和日本、美国、德国建立友好关系,推荐优秀学生出国留学,视障教育取得新的突破。

2006 年 7 月,在北京市委、市政府的关怀下,经市委教育工委、市教委批准,原北京物资储备职工中等专业学校与北京市盲人学校合并,组建新的北京市盲人学校,并在两校原址上重建。经过近 5 年的努力,新校舍建设工程于 2011 年 10 月 19 日全面竣工。包括原有三栋建筑整体装修改造,新建两个单体楼,施工面积 31395.1 平方米,新校舍包括综合楼(启明楼)、职教楼(致远楼)、培训楼(厚德楼)、体育馆、学生食堂、学生宿舍等。

新建的教学综合楼

伴随着学校基本建设的进程,学校得到快速发展。学校一直弘扬“爱,创造奇迹”和“追求卓越”的精神品质,秉持“以德立校、以爱育心、教育康复、个性发展”的办学理念,贯彻“医教结合、综合康复”的特教思想,大力加强德育、基础教育、职业教育、科研及培训工作,努力提高教育教学质量和科研水平,形成教育、科研、培训、服务“四位一体”的办学模式,确立“立足全员,补偿缺陷,挖掘潜能,突出特长”办学特色,教育教学成果显著。学校先后获得全国特殊教育先进集体、全国特殊艺术人才培养基地、北京市特殊教育先进单位、北京市三八红旗单位、海淀区教育科研创新单位等荣誉称号。

北京盲校的沃土,滋润着视障孩子的心田;北京盲校的精神,为视障孩子的人生点亮了一盏明灯,指引着前行的路。100 多年来,北京市盲人学校送走了一批批毕业生,他们有的成了优秀的按摩师和钢琴调律师,有的自主创业成了企业家,有的升入普通高校学习,有的成了硕士研究生继续深造,有的成了著名的音乐人士,还有的到日本、英国等国家的普通高校留学……

学校校园一角

走出北京市盲人学校的大门，冬日的街道，寂静萧条。学校门卫顺手关闭了电动校门，仿佛是将我推出历史的旋涡。回望校舍，它依旧缄默如昔，却在不知不觉中将故事铭刻在来过此地的人们心中：起步的筚路蓝缕，奋进的风雨兼程，发展的高瞻远瞩，腾飞的壮志雄心，新北京盲校犹如浴火的凤凰，披着璀璨霞光，正朝向创建“国内领先、国际一流”的现代化盲校的宏伟目标展翅翱翔。

第七章

“天义客店”一个甲子的记忆

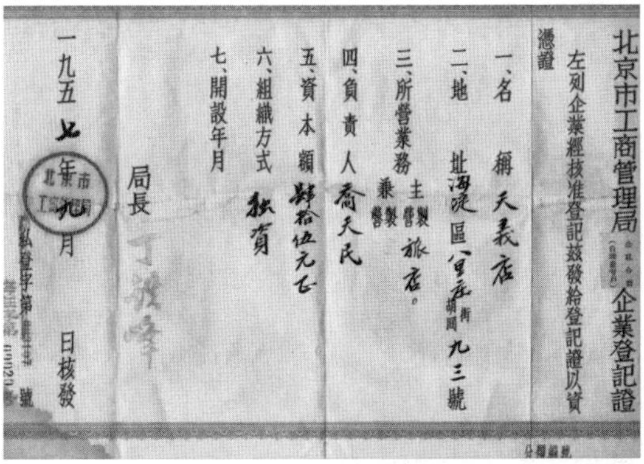

北京市工商管理局 企業登記證

左列企業經核准登記茲發給登記證以資憑證

一、名 稱 天義店

二、地 址 海淀區

三、所營業務 旅店。

四、負責人 喬天民

五、資本額

六、組織方式 私資

七、開設年月

局長

一九五七年九月 日核發

特種營業許可執照

北京市人民政府公安局

茲據喬天民申請在

開設天義店經營

審查合格特發照准予營業

右給喬天民收執

局長

副局長

公元一九五三年一月十五日

尽管人们对天义客店的拆除充满了惋惜与不舍，但谁也挡不住时代的发展。六十年一甲子的历史成了真正的历史记忆，希望后来的人们记住它，永远。

岁月洗礼，历史更迭，总有地方，记录发展，见证变迁。

1953 年建于八里庄老街东端路南的天义客店，历经 1956 年的公私合营，至 1966 年的“文化大革命”，该客店成为北京市唯一始终保持个体私营面貌没变的个体工商户。2013 年，随着首都北京城市化建设的加快，已改变原风貌的天义客店被拆除。从 1953 年到 2013 年，天义客栈一路经营下来就是 60 年，正好一个甲子。

天义客店的创建经营史

天义客店创建人乔天民，生于 1908 年，卒于 1991 年，是北京市门头沟区斋堂镇西斋堂村人。门头沟斋堂是著名的革命老区，具有光荣的革命斗争史，是中国最早传播马克思主义的地区之一。早在 20 世纪 20 年代，中国共产党就在门头沟宣传马克思主义，创建了党的组织，成立了北京郊区最早的民主政权——宛平县抗日民主政府。1938 年，中国共产党领导下的八路军在斋堂地区开创了平西抗日根据地，成为北京郊区抗日的中心，先后有邓华上将、杨成武上将、肖克上将、宋时轮上将等近 60 位将军曾经在这里战斗过，涌现出许多英雄人物和英雄事迹。这里还是我党我军重要交通线。抗战时期在中国共产党领导下，许多青年学生、爱国志士和国际友人经由平西抗日根据地奔赴全国各地的抗日战场。抗战期间，延安军民所用的枪支弹药、生活物资的三分之一，都是由这里运送过去的。乔天民作为广大爱国志士中的一员，在八里庄地下联络站运送军用物资等。他 1937 年参加抗日，担任村干部，曾与党组织共同营救 7 名党的干部。1940 年，他按照上级指派来北京搞党的地下工作，到八里庄元胜号杂货店做伙计，成为一名地下交通员。在抗日战争和解放战争中，元胜号杂货店是中共地下工作的交通站，乔天民通过该店，多次将军需物资运往斋堂的游击队，并将情报转送给斋堂的游击队领导，直至和平解放。他没拿过组织一分钱，参加抗日救亡，英勇奋斗，不怕流血牺牲，誓死不当亡国奴，投身革命，为抗日战争的胜利、为北京的和平解放贡献了全部力量。

土地改革时,政府将该杂货店的三间房子分给乔天民,新中国成立初期,中共党组织曾安排乔天民担任干部。由于地下工作期间环境艰苦,乔天民积劳成疾,肺结核,吐血,又没文化,乔天民自认为无法胜任便婉言谢绝。但又不想给政府增加负担,他要自力更生。1952 年,乔天民两岁的儿子乔树枝嗷嗷待哺,另一个孩子即将出生,家里却没有固定收入。他家所在的八里庄东街是附近的一条主要街道,前往门头沟的 336 路公共汽车打这里经过,还有不少进京的小买卖人走街串巷。乔天民觉得,利用自家的房子(杂货铺的三间房子留给了他)开一家客店,应该有生意。1953 年 1 月 15 日,一张 A4 纸大小、黄底红边的《特种营业许可执照》发到了乔天民手上,发照机关是北京市人民政府公安局。执照上用竖版繁体字书写着:“兹据乔天民申请,在阜外八里庄 93 号开设天义店,经营旅栈业。经审查合格,特发照准予营业。”执照上贴着乔天民的黑白一寸照,在执照上签名的是罗瑞卿、冯基平。

领取执照后,乔天民腾出一间房,砌上土炕,借了两张炕席、一张桌子,买了一套茶具,小客店正式开业了。改建后的屋子,进门右边一间由乔天民和妻子张庭珍以及两个孩子自住,中间是过道,左边是客房,客房没有门,有一个木板放在门口,冬天挡风,夏天挡虫,进出都要把木板抬起放下。屋子里是一张大通炕,可以睡八九个人,周日如果人多,炕两旁还可以加铺两块木板,再睡两个人。住一晚收费 1 毛 5 分钱。乔树枝回忆,因为当时走街串户的小买卖人比较多,所以客店生意兴隆,一家人的生活得以保障。

天义客栈 60 年一甲子的经营中,每个年代,顾客和住宿费都有不同。20 世纪 50 年代,天义客店的客人主要是走村串户的修鞋匠、剃头匠、锔盆锔碗、钻辘锅等小买卖人。到 60 年代是人民公社、大队的出差或来北京看病人员,多数是农民。80 年代后,多为来北京看病的农民,天义客店因价位低而生存下来。60 年代以前,每位客人每宿收 5—8 角人民币。60 年代后价格略有上涨,到 2006 年床位增加至 21 个,收费涨到 15—20 元人民币,在北京三环路附近的旅馆中较低,天义客店因此成为农村低收入人员住宿的首选。到 2012 年,天义客店有 14 间房，不足 30 张床，价格便宜，生意不错，到北京打工者，赴附近的中国人民解放军空军总医院、中国人民解放军三〇四医院的病人及家属纷纷住进天义客店。

天义客店的重要历史时刻

1956 年，全国范围内出现社会主义改造高潮。1 月，北京首先在全国宣布实现资本主义工商业的全行业公私合营。全市 35 个私营工业的 3990 家工厂（包括 4 人到 9 人的小工厂）和 42 个私营商业（包括饮食和服务性行业）的 13973 户座商，共 17963 户，全部被批准实行公私合营。1 月 15 日，在天安门广场举行的毛泽东等党和国家领导人参加的庆祝大会上，市长彭真宣布："我们的首都已经进入了社会主义社会。"当天，20 万北京市民走上街头狂欢，礼花、鞭炮齐放，锣鼓喧天，直到入夜。天义客店和八里庄附近的另外两家私营客店组成了联营小组，乔天民当组长，联营小组依然是自负盈亏。1958 年，"大跃进"和人民公社化开始，农村出来的人骤减，天义客店的生意一下子冷清下来。

1960 年，天义客店和八里庄附近的另外两家私营客店收归国有，营业收入归公，原店主作为职工领取工资。但不到两年，随着国营企业精减职工，这几家小店又被发还，继续私营。乔树枝听父亲说，这几家店本来就不赚钱，国家还要发工资，因此觉得不如让各家自己经营，维持家用算了。就这样，小店一直平稳运转，直到改革开放前夕。

党的十一届三中全会后，天义客店被树为典型进行宣传。《人民日报》《北京日报》、北京人民广播电台也对天义客店进行了宣传报道。中共海淀区委写过天义客店的调查报告。美国《纽约时报》也前来采访报道。乔树枝称，那时提到最多的，是天义客店历经风雨不倒，开店 20 多年接纳四五万旅客，上缴税收 3000 多元，并在周边连开 3 家国营旅馆后，仍然客源不断。改革者们用这些事例证明，个体经济有其存在的必然性，可以与国有经济共处。"这个不起眼的小旅店身上,刻录着一段时期中,北京甚至国家经济建设发展的时代印记,也有着些许贡献。”乔树枝认为。

天义客店被拆除

2012 年 12 月 30 日,一张“腾退公告”贴在海淀区八里庄地区,天义客店在不久的将来要被拆除。对于天义客店的未来,当时许多媒体都进行了关注和报道。2013 年 5 月,《新京报》读者来信《能否留下天义客店?》提出:“拆迁据说是为了改善环境,消除安全隐患,不过,面对这个有着独特历史的小店,一拆了之,是否过于草率了? 一栋老建筑,就是一段历史的记忆,是一个城市生命的记录,所以它有着无可替代的纪念价值,值得我们珍视。在国外,一家旅店经营上百年,并不鲜见,老客店,不仅没有玷污城市的居住环境,相反成为城市文化一景,这样的经验,值得我们借鉴。”呼吁是一段历史的记忆,所以它有着无可替代的纪念价值,值得我们珍惜。

2013 年 6 月,北京人民广播电台《新闻天天谈》节目专访天义客店传承人乔树枝,广播中解说道:“海淀区八里庄地区,近期开始综合整治,一个私营客店的命运引发关注。50 年代,它曾是自力更生、不等不靠的象征。‘文革’期间,它成了唯一没有停业的私营店。改革开放后,它又作为各大媒体争相报道的典范,名扬四海。60 年风雨飘摇,它坚守独到的经营准则,见证个体经济的命运变迁。”

《北京晚报》以《老客店将消失大伙舍不得》为标题,进行了报道。

天义客店在 60 多年的经营过程中得到过周恩来、邓小平、彭真、罗瑞卿等中央领导的关怀,得到北京市委市政府、海淀区委区政府的扶持和保护。

1991 年,乔天民去世,乔树枝继承了客店。自 90 年代末期开始,随着周围宾馆、饭店的逐渐发展,客店的生意日益困难。虽然三五十元的低价对外地来京看病的人群仍有吸引力,但客房入住率越来越低。2005 年,母亲也去世了,离异的乔树枝带着儿子乔璇,靠着小店每月少则几百元、多则一两千元的收入生活着。乔树枝一直记得，父亲生前曾嘱托，要把这个小店细水长流地经营下去，变成百年老店。63 岁的他，已打算将店传给而立之年的儿子。“我希望，把这个房子保留下，不要拆。”他告诉《中国新闻周刊》。在父亲的教育下，乔树枝把“好心感动天和地”当成了小客店的立身之道。如今小客店面临拆迁，乔树枝说：“如果非拆不可，希望还能给我家找一块地方，继续开旅店，让我们把‘天义客店’的记忆延续下去。”

媒体的报道和大众的呼吁，并没有在历史的潮流中留住天义客店。随着时代发展，年久未经修缮的天义客店，翻建后原来的三间平房变成了小楼房，已失去原有的风貌。为彻底解决该地区环境差和各种安全隐患问题，拆迁改造势在必行。尽管人们对天义客店的拆除充满了惋惜与不舍，但谁也挡不住时代的发展。最终，天义客店在城市化建设的浪潮中被拆除，六十年一甲子的历史，成了真正的历史记忆。希望后来的人们记住它，不要忘记了。

参考资料

北京市海淀区地方志编纂委员会．北京市海淀区志[M]．北京：北京出版社，2004.

“花甲”天义客店关张半年 面临拆迁[N]．新京报，2013－05－27.

北京第一家“夫妻店”将消失 众人舍不得[N]．北京晚报，2013－06－24.

天义客店一甲子[N]．中国新闻周刊，2013－09－02.

第八章

八里庄地区地名的由来

地名,是人们记住一个地方的关键,它记载着一个地方的过往,是一段历史,也是一段记忆,更是一段回忆。

我们生活的地方无论大小，都有一个名字，俗称地名。随着社会的发展进步，有些地名保存下来继续使用，有些在社会变革中不断地消亡或改作他名了。地名，是人们记住一个地方的关键，它记载着一个地方的过往，是一段历史，也是一段记忆，更是一段回忆。

八里庄地区是一个古老的、有历史的、有文化的地方。我们努力寻找过去的地名，试图找出它们的渊源，丰满有关地名的历史。

1. 八里庄

因与城门的距离而得名。它原是一个历史积淀很厚的自然村落，得名于地理位置，因距京城阜成门八里地而得名，故称“西八里庄”，是京西古道上的一颗明珠。在明清之际，是通往京西古道的重要村庄。当时，运煤的驼队通过八里庄将煤运到京城，再将生活所需的商品运往京西。这里既有阜成门“城”的伟岸，又有海淀区“水”的灵秀，还延续了京西古道“史”的余脉，文化遗产荟萃，人文资源丰厚。

2. 恩济庄

因皇帝恩赐而得名。雍正十二年（1734 年），为给太监死后有块埋骨的地方，雍正皇帝特赐银万两，划出几百亩土地为太监墓地，并敕建关帝庙，居住人家作为看护管理，因此，命名恩济庄。表明皇帝赐给恩典，龙恩普济，让历代太监感恩图报。该地葬有 2700 多个太监，其中就有清末著名的大太监李莲英。

3. 亮甲店

因事件而得名。明代原名两家店（《宛署杂记》），因燕王朱棣北伐路经此地，卸甲晾晒，后人为纪念朱棣的丰功伟业，形成今名：亮甲店。20 世纪 50 年代末形成居民区，仍沿用此名。

4. 嘉禾巷

因人而得名。据说，在 600 多年前，明代的时候，摩诃庵内住着一名和尚叫嘉禾。此和尚神通广大，该地摩诃庵前有条路，为纪念嘉禾和尚的公德，人们就称这条路为嘉禾巷，一直沿用。2013 年，由于城市改造，嘉禾巷被拆除。

5. 五路居

因多条道路在此汇聚而得名。这里原是西郊半壁店至徐庄,八里庄至郑王坟两条路的交叉口,还有条路向南直通恩济庄。当时,路口有个茶馆,被称为五路聚,后演变成五路居,一直沿用至今。

6. 玲珑巷

因慈寿寺塔而得名。该地在1949年以前是摩诃庵的果园,只有五户人家,原名塔院。1912年以后,由于这里靠近玲珑塔,所以便称这里为"玲珑巷"。在1932年颁布的《北平市自治区坊所属街巷村里名称录》中,正式称这里为"玲珑巷"。2013年,由于城市改造,玲珑巷被拆除。

7. 定慧寺

因明清古刹而得名。该地建有定慧寺,原称古刹善法寺,明代正德年间称为云慧寺,清康熙四十一年(1702年)赐名定慧寺。现以西翠路分为定慧东里和定慧西里。乾隆年间,此地名为十里庄,据《日下旧闻考》卷九十七引五城寺院册的描述"十里庄有慈育院、慈集寺、定慧寺"。

8. 又一村

因人文而得名。据传,在明清时代,整个八里庄风景如画,是名人学士荟萃之地,在万绿丛中发现又一村落,恰似"柳暗花明又一村",故称"又一村"。另传,在清代,该地只有11户人家,当时一般以十为计算单位,十家多一家,故称"又一村"。

9. 七贤村

因人口数而得名。该地因清朝时只有七户人家,故名七贤村。是人们断恶修善、心往圣贤的愿望。原为菜地和坟地。

10. 彰化村

因人而得名。《北京市海淀区地名志》称:"据传早年间村中有章姓乞丐帮头子,乞丐俗称化(花)子,谐音称今名。"相传明代,有个丐帮帮主叫章华(另说张化),手下有几十个叫花子,他们乞讨的地点主要在阜成门内十几条街巷里，章华被称为花子头。他给手下的花子们定下规矩：只乞讨，不偷、不抢、不骗、不贪、不强要，与人为善，和气待人。一天，有个花子拾到一个皮夹子，打开一看，有几十张银票，马上交到花子头手里。章华一点那银票，足有五千两，那失主一定情急万分，所以连忙寻找失主。几经周折，终于在东城找到了失主，原是一位王爷，那银票是其所集赈灾之款。这王爷见章华虽为乞讨之人，但为人诚实，行侠仗义，便与他结为兄弟，并为他在京西置地100亩，建房数十间。从此章华不再以乞讨为主，而是带着手下的那些花子以耕种为主，就发达起来，据传还捐了个五品官。后来在其耕种的地方形成聚落便以"章华"（或"张化"）而称，日久天长被谐音为"彰化"。

《京畿地名丛考》称："彰化，张化也。初居者名张华，耕种为业，�武以名称。又南彰化，又北彰化，散居耕者不近百人。"明嘉靖《京师五城坊巷胡同集》载有"东张华"和"西张华"。万历《宛署杂记》有万寿寺庄房果园"又卖到顺天府宛平县香山乡张花村民庄房果园四顷二十亩"之记载，称之"张华"。因"华"同"花"，又称之为"张花村"。1932年，《北平市自治区坊所属街村里名称录》始称"彰化村"。1953年，《北京市街巷名称录》记有"南彰化村"。而今，随着城市化进程的推进，这彰化村已被拆迁。

11. 营慧寺

因明代太监张永家庙得名。云会寺又称云惠寺、营会寺、营慧寺。最初称张家庙，因历史上有明代太监张永家庙云惠寺而得地名。说起明代太监张永，不太为人所知。他可不是一般的太监，而是伴随正德皇帝朱厚照长大的"发小太监"。正德六年（1511年）敕赐"云惠寺"，并竖立"云惠寺碑"一块，由吏部尚书、华盖殿大学士梁储撰写碑文。到了明末，云惠寺被废弃，清初时有遗迹可寻，旧址东侧已成聚落，仍称云惠寺，后谐音为云会寺、营会寺、营慧寺。时间过去了500多年，如今，在八里庄街道辖区只留下一个公交车站牌——营慧寺。

八里庄地区每一个地名的由来，都是一段充满回忆的历史。后来人用文字去记录、去传播,在今天的生活里,我们依然可以看到他们或者看到他们曾经的影子。

参考书目

[明]张爵. 京师五城坊巷胡同集[M]. 北京:北京出版社,2018.

[明]沈榜. 宛署杂记[M]. 北京:北京出版社,1983.

中共海淀区委宣传部. 海淀简明通史[M]. 北京:新华出版社,2016.

曹子西. 北京通史(全十卷)[M]. 北京:中国书店出版社,1994.

侯仁之. 北京历史地图集(政区城市卷)[M]. 北京:文津出版社,2013.

北京历史纪年编写组. 北京历史纪年[M]. 北京:北京出版社,1984.

北京市海淀区地方志编纂委员会. 北京市海淀区志[M]. 北京:北京出版社,2004.

海淀区地名志编辑委员会. 海淀区地名志[M]. 北京:北京出版社,1993.

王彬,徐秀珊. 北京地名典(修订版)[M]. 北京:中国文联出版社,2008.

张清常,张晓华. 北京街巷名称史话(修订本)[M]. 北京:北京语言大学出版社,2004.

袁树森. 老北京的煤业[M]. 北京:学苑出版社,2005.

后　记

《述说八里庄》终于与读者见面了。本着尊重文物、了解文物、保护文物、宣传文物、利用文物的现代人对待文物管理的理念，编辑过程中突出八里庄历史、文物古迹、人文精神，在查阅大量的古代文献资料，走访了解八里庄过往的老人的基础上，依史述史，认真讲述八里庄的故事，突出八里庄地区历史文化特色，也就是八里庄地区先天固有的文化环境和后天呈现的文化现象。

八里庄作为京西古道第一庄，是元明清京城与西山和通往河北、山西、内蒙古的重要通道。历史是文化的渊源，历史越悠久，文化的底蕴就越丰厚。文化是一个民族的品质特征，文化是一个民族历史进步的见证，继承和发扬民族文化的优良传统，成为推动社会发展的强大动力。我们力求将《述说八里庄》做到史料性、知识性、可读性、通俗性和趣味性融为一体，突出地域特色。

此书的出版，在海淀区八里庄街道党工委和办事处的积极倡导下，得到了北京聚社网络科技有限公司的大力支持，陶思远、孟志成、孙纯明、杨爱玲、孝雅楠、高萍等同志鼎力相助，全程参与编写。他们不畏辛劳，有时为验证史实反复查找不同的史料，认真区别，加以论证，找出最符合历史真相的依据。对现有文物仔细查访，多次实地考察；在走访八里庄老人时，对受访者年事已高听力不好、有时表述不清时，反复提问直至弄清问题。

《述说八里庄》写作得到了海淀区社工委、史志办、档案馆、文旅局、政协文史委员会和文化发展促进中心等部门领导的大力支持，为选材和写作提供多方帮助，并为出版该书专门召开研讨会，对该书提出很好的意见和建议，在此，表示衷心的感谢。

先辈们用他们的勤劳、勇敢和智慧，用他们的鲜血和汗水，创造了灿烂而悲壮的历史，为我们留下了绚丽而多彩的文化。对于先辈们为我们留下的异常珍贵的遗产，我们应当把它继承下来，代代相传，弘扬民族传统文化，使它服务于当今时代的现代化建设，尽我们应尽的责任。

由于时间仓促，素材缺乏，加上我们能力水平有限，此书的编写会存在这样或那样的问题，真诚希望广大读者批评指正。

《述说八里庄》编委会

2021 年 4 月